Die Sieben Weltwunder der Antike

Aus dem Italienischen von
Ruth Karzel

Lektorat der dt. Ausgabe
Julia Lauber

Satz
Parthas Verlag Berlin

Druck und Bindung
Giunti Industrie Grafiche S.p.A. – Prato

Umschlaggestaltung
Raffaele Anello

Karten
Sergio Biagi und Daniele Forconi (S.122 und S.123)

Coverabbildung
© Archivio Iconografico, S.A./CORBIS

Bildrecherche
Alessandra Manetti

Die Abbildungen stammen, wenn nicht anders vermerkt,
aus dem Archivio Iconografico Giunti.

Die Originalausgabe erschien unter dem Titel »Le sette
meraviglie del mondo antico«

Stresemannstraße 30
10963 Berlin
www.parthasverlag.de

ISBN 978-3-86601-050-5

Debora Barbagli

Die Sieben Weltwunder der Antike

Parthas

Inhalt

Einleitung

Die Sieben Weltwunder der Antike sind seit jeher Gegenstand des Interesses und der Forschung von Historikern, Archäologen und Literaten. Die Thematik ist auch durch eine breite Bibliografie dokumentiert: Zahlreiche Monografien beschäftigten sich in den letzten 30 Jahren mit den antiken Weltwundern und ihrer philologischen Rekonstruktion anhand der Verwertung aller schriftlichen Zeugnisse; dazu zählen auch die jüngsten Untersuchungen, die zumindest bei einigen Monumenten dazu beigetragen haben, ihre Entstehung genauer zu umreißen und ihr Aussehen zu rekonstruieren. Die Geschichte dieser Meisterwerke ist unlösbar mit der Geschichte der Antike verknüpft, mit ihren politischen, sozialen und kulturellen Aspekten: Das Erstellen von Listen in der antiken Literatur bezüglich der thaumata *(Wunderwerke) spiegelt die in hellenistischer Zeit verbreitete Lust am Kompilieren wieder, während die Auswahl der Orte auf eine Erweiterung des geografischen Horizontes hindeutet, die auf das Konto Alexanders des Großen geht. Die erste Auflistung erscheint auf einem Papyrusfragment aus ptolemäischer Zeit (2. Jh. v. Chr.), das Serien von Listen über Personen oder bedeutende Dinge enthielt: Der Text, als* Laterculi Alexandrini *bekannt, erwähnte auch die Sieben Weltwunder, von denen jedoch nur drei Namen erhalten sind (die Pyramiden, das* Artemision *und das Mausoleum von Halikarnassos). Die älteste vollständige Liste ist in einem Epigramm des Antipatros von Sidon in der* Anthologia Palatina *(oder* Graeca*) in Heidelberg erhalten und geht auf das späte 2. Jh. v. Chr. zurück (sollte der Verfasser hingegen Antipatros von Thessalonike sein, wäre die Datierung um ein Jahrhundert später anzusetzen): Hier werden die Mauern von Babylon, der Zeus von Olympia, die Hängenden Gärten von Babylon, der*

Koloss von Rhodos, die ägyptischen Pyramiden, das Mausoleum von Halikarnassos und das Artemision *von Ephesos erwähnt. In dieser ersten Liste tauchen die Mauern von Babylon auf, die lange Teil der ältesten Listen gewesen waren, während der Leuchtturm von Alexandria fehlt, der, in der ersten Hälfte des 3. Jh. v. Chr. errichtet, als Letzter unter die Zahl der antiken Weltwunder aufgenommen wurde und in den ersten Listen nicht vorkommt, die in der kurzen Zeitspanne zwischen der Realisierung des Kolosses von Rhodos und dem Bau des Leuchtturms entstanden. Die Erwähnung der Weltwunder kehrt bei zahlreichen römischen Autoren wieder, man denke nur an Vitruv (1. Jh. v. Chr.) oder Plinius den Älteren (1. Jh. n. Chr.). Eine gewisse Variabilität in der Liste (auch wenn die Zahl Sieben mit ihrer symbolischen Bedeutung fast konstant blieb) ist auch in römischer und spätantiker Zeit dokumentiert: Zitiert werden der Palast des Kyros in Ekbatana sowie das Kolosseum und das Kapitol in Rom. Das Fehlen eines fixen Kanons setzt sich bis ins Mittelalter und darüber hinaus fort, aber das Interesse für die Weltwunder scheint nie stillzustehen; in der Renaissance werden die Ausgaben antiker Texte beispielsweise von Rekonstruktionen der Bauten begleitet, nicht zu reden von den Darstellungen eines Maarten van Heemskerck, eines Antonio Tempesta und später Johann Bernhard Fischer von Erlach. In der Einführung zu ihrem Buch über die Sieben Weltwunder haben Peter A. Clayton und Martin J. Price deren Verwendung in Werbespots als Beispiel für die immer noch große Bedeutung der Monumente gebracht, während wir heute einen Beweis dafür in dem Interesse feststellen, das dem Thema auf zahlreichen Webseiten entgegengebracht wird.*

D. B.

Die große Pyramide von Gizeh

- Bautechnik der tausend Geheimnisse
- Das Innere der Pyramiden zwischen Kammern und Gängen
- »Objekt der Begierde« von Grabräubern und Wissenschaftlern

Von den Sieben Weltwundern der Antike ist die Pyramide von Gizeh als einziges vollständig erhalten und sie ist – paradoxerweise – auch das weitaus älteste. Als die imposanteste unter allen ägyptischen Pyramiden ist sie ein steinerner Gigant von über 133 m, der nur mithilfe von Hebeln und Rollen, den einzigen damals verfügbaren mechanischen Werkzeugen, errichtet wurde, was den Wissenschaftlern auch heute noch Rätsel aufgibt. Als Grabmäler zum Ruhm der Pharaonen mit ihren sehr sorgfältig und durchdacht konstruierten Galerien, Korridoren und Hallen verbargen die Pyramiden auch in ihrem Inneren viele Geheimnisse. Erst im Napoleonischen Zeitalter begann die faszinierende Erforschung dieses königlichen Symbols der Kultur des Alten Ägyptens.

Von den Bauwerken, die zu den Sieben Weltwundern zählen, kann einzig die Pyramide von Gizeh auch heute noch in ihrer ganzen Pracht bewundert werden. Die antiken Quellen verweisen nicht einheitlich auf die im Auftrag der Herrscher der 4. Dynastie auf dem Hochplateau von Gizeh unweit von Memphis errichteten Pyramiden: Der Großteil der Autoren sprach allgemein von den Pyramiden, manche wieder von den zwei größten (Strabon, 64 v. Chr.–23 n. Chr.), aber zweifelsohne wurde auf die Pyramide des Khufu (Cheops), die älteste, am häufigsten Bezug genommen; sie stand im Mittelpunkt des Interesses. Cheops (dies ist sein griechischer Name) folgte mit dem Bau der Pyramiden seinem Vater Snofru, dem Gründer der 4. Dynastie (die Periodisierung der ägyptischen Dynastien verdanken wir dem Priester Manetho, der im ptolemäischen Ägypten des 3. Jh. v. Chr. lebte und Verfasser der leider verloren gegangenen und nur durch Zitate anderer Autoren bekannten

Oben, die »Rote Pyramide« des Snofru – Vater des Cheops – in Dahschur. Unten, Elfenbeinstatuette, aufgefunden in Abydos (Stadt im Alten Ägypten, am linken Nilufer in der Umgebung des heutigen Araba el-Madfuna entstanden), sie ist das einzige uns erhaltene Bildnis des Cheops, jenes Pharaos, der die größte Pyramide des Alten Ägyptens errichten ließ (Kairo, Ägyptisches Museum).

Die herrschenden Dynastien im Alten Ägypten

Prädynastische und protodynastische Zeit (5000–3065 v. Chr.)

Thinitenzeit (3065–2686)

1. Dynastie *(3065–2890)*

2. Dynastie *(2890–2686)*

Altes Reich (2686–2173)

3. Dynastie *(2686–2613) Die erste Stufenpyramide wird für den Pharao Djoser in Saqqara errichtet.*

4. Dynastie *(2613–2494) Bau der großen Pyramiden von Gizeh.*

5. Dynastie *(2494–2345)*

6. Dynastie *(2345–2173)*

1. Zwischenzeit (2173–2040)

7. Dynastie *(2173)*

8. Dynastie *(2173–2160)*

9. und 10. Dynastie *(2160–2040) Die legitime Monarchie befindet sich in Herakleiopolis Magna.*

Mittleres Reich (2040–1786)

11. Dynastie *(2133–1991)*

12. Dynastie *(1991–1786)*

2. Zwischenzeit (1786–1552)

13. Dynastie *(1786–1633)*

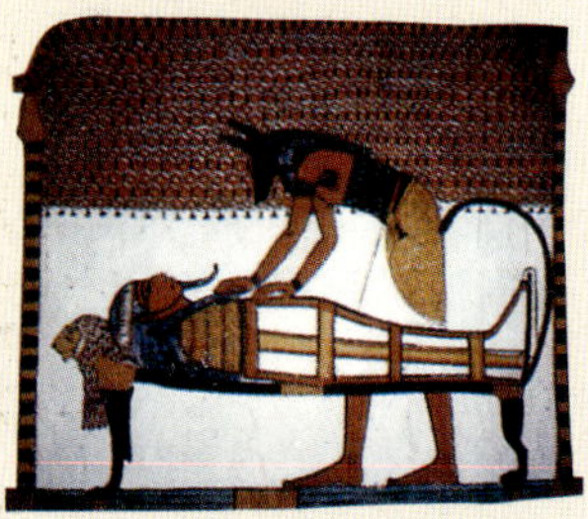

Möglicherweise regiert die 14. Dynastie im Norden für eine kurze Zeit gleichzeitig mit der 13. Dynastie.

14. Dynastie *(1700–1645)*

15. Dynastie *(1644–1537)*

16. Dynastie *(1645–1537)*

17. Dynastie *(1633–1552)*

Neues Reich (1552–1069)

18. Dynastie *(1552–1305)*

19. Dynastie *(1305–1186) Ägypten hat seine größte Ausdehnung erreicht.*

20. Dynastie *(1186–1069)*

3. Zwischenzeit (1069–664)

21. Dynastie *(1069–945)*

Hohepriester des Amun in Theben (1080–945)

22. Dynastie *(945–715)*

23. Dynastie
(818–715)

24. Dynastie
(727–715)

25. Dynastie
(716–656)

26. Dynastie
(672–525)

1. Persische Oberherrschaft *Die Perser (Kambyses, Darius I., Xerxes, Artaxerxes, Darius II.) machen nach seiner Einnahme aus Ägypten eine blühende Satrapie. Herodot besucht das Land um 440.*

27. Dynastie
(525–404)

28. Dynastie
(404–398)

29. Dynastie
(398–378)

30. Dynastie
(378–341)

2. Persische Oberherrschaft *(343–332)*

332 v. Chr. erobert Alexander der Große Ägypten.

Hellenistisch-ptolemäische Periode (332–30)

Mazedonische Dynastie
(332–305)

Dynastie der Lagiden (Ptolemäer) *(304–30)*

Annexion durch die Römer
30 v. Chr. wird Ägypten nach der Seeschlacht bei Actium endgültig dem Römischen Reich einverleibt.

Auf der gegenüberliegenden Seite oben, Keramikvase mit spiralförmigen Ornamenten. Unten, ein Priester, der die Maske des Gottes Anubis trägt und eine Begräbniszeremonie vollzieht. Auf dieser Seite ganz oben, Maske des Pharaos Tutanchamun (1346–1337 v. Chr.. In der Mitte, ein Teil der Standarte, die von den Priestern während der Prozessionen im Tempel getragen wurde. Links, Statue eines unbekannten Königs – gefunden im Grab Tutanchamuns.

Aegyptiacà, der »Geschichte Ägyptens«, war). Snofru hatte in Dahshur eine (wegen ihrer auf etwas weniger als halber Höhe veränderten Böschungsneigung als »Knickpyramide« bekannte) Pyramide sowie die Nord-Pyramide oder »Rote Pyramide« errichten lassen; in Meidum hingegen ließ er die Pyramide des Huni, des letzten Pharaos der 3. Dynastie vollenden, indem diese Stufenpyramide in eine echte, kompakte Pyramide verwandelt wurde. Cheops setzte den Weg seines Vorgängers fort, erweiterte allerdings die Dimensionen des Grabmals beträchtlich und wählte dafür einen neuen Standort. Es mag kurios anmuten, dass man von jenem Pharao, dem man eines der bekanntesten Bauwerke der Antike verdankt, so wenig weiß, wenn man von dem durch Herodot

Oben, die von Huni errichtete Pyramide in Meidum. Rechts, die Pyramiden des Cheops, Chefren und Mykerinos in Gizeh.

überlieferten grausamen Porträt absieht (*Historie*, II, 124,1; 126,1), und dass von ihm nur eine elfenbeinerne Statuette erhalten ist, die in Abydos gefunden wurde.

Unten, Kalkscheibe für Spiele mit einem Rand aus schwarzem Glasfluss und Intarsien aus Kalzit sowie zwei Eulen mit ausgebreiteten Schwingen (Kairo, Ägyptisches Museum).

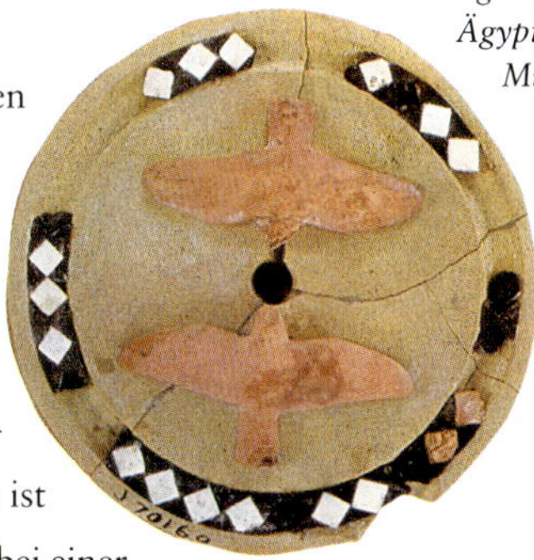

Bautechnik der tausend Geheimnisse

Die Arbeiten zur großen Pyramide begannen mit der Vorbereitung des Terrains, das normalerweise eingeebnet wurde: Bei der Cheopspyramide allerdings wurde ein Felsblock belassen, dem Bau einverleibt und möglicherweise als Stütze für einige Steinreihen verwendet. Der Grundriss des Bauwerks ist fast quadratisch, die Seiten sind 230 m lang, bei einer Schwankung von nur 20 cm, ihre Neigung beträgt wenig mehr als 50°, die Ausrichtung der Seitenwände, die den Gestirnen folgt, weist ebenfalls nur eine minimale Abweichung auf; die Originalhöhe betrug über 146 m, der Verlust der Spitze hat jedoch dieses Maß um etwa zehn

Oben, die 105 m hohe »Knickpyramide«, die Snofru in Dahschur erbauen ließ.

Meter verringert (man darf nicht vergessen, dass die Pyramide von Gizeh jahrhundertelang als das höchste existierende Bauwerk galt); die bedeckte Fläche ist mehr als 5 Hektar groß. Der Bau wurde aus mindestens 210 Steinreihen errichtet, wenngleich man heute aufgrund der fehlenden Spitze nur 203 zählt; man hat auch die ungefähre Anzahl der Blöcke aus lokalem Kalkstein ausgerechnet (um die 2 300 000). Diese wurden mit mehr als 100 000 Tafeln aus weißem Turakalkstein verkleidet, der in den Hügeln im Osten der Hauptstadt gebrochen wurde: Von dieser Verkleidung sind nur wenige Spuren in den ersten Schichten erhalten, der ganze Rest wurde abgetragen, um in der mittelalterlichen Stadt Kairo wiederverwendet zu werden, der Abbruch dürfte aber bereits in der 1. Zwischenzeit begonnen haben. Man hat lange über die Konstruktionstechnik eines derart gigantischen Bauwerks, bei dem tonnenschwere Blöcke bewegt wurden, diskutiert, ohne eine gesicherte Antwort zu finden: Die einzigen mechanischen Werkzeuge, die damals zur Verfügung standen, waren tatsächlich nur der Hebel und die Rolle. Zu den glaubhaftesten Hypothesen gehört jene, die den Gebrauch von Rampen aus rohen Ziegeln rund um den Bau annimmt, über die man die Blöcke auf die Rollen gleiten

Links, Blick in einen der langen Gänge im Inneren der Cheopspyramide. Unten, ein Vertikalschnitt der Cheopspyramide, wo die Gänge zu sehen sind, die zu den Grabkammern führen.

ließ, oder die Annahme von Jean-Philippe Lauer, einem der größten Pyramidenkenner, der auf den Einsatz einer äußeren, schiefen, je nach Höhe verlängerbaren Ebene hinwies. Eine dritte Hypothese schließlich zieht die Möglichkeit eines Einsatzes von langen Hebeln in Betracht, die an den Enden durch Metallplatten verstärkt waren, welche es ermöglicht haben könnten, die Blöcke einigermaßen mühelos stufenweise hinaufzuheben. Aber was wurde im Inneren der großen Pyramide aufbewahrt? Der

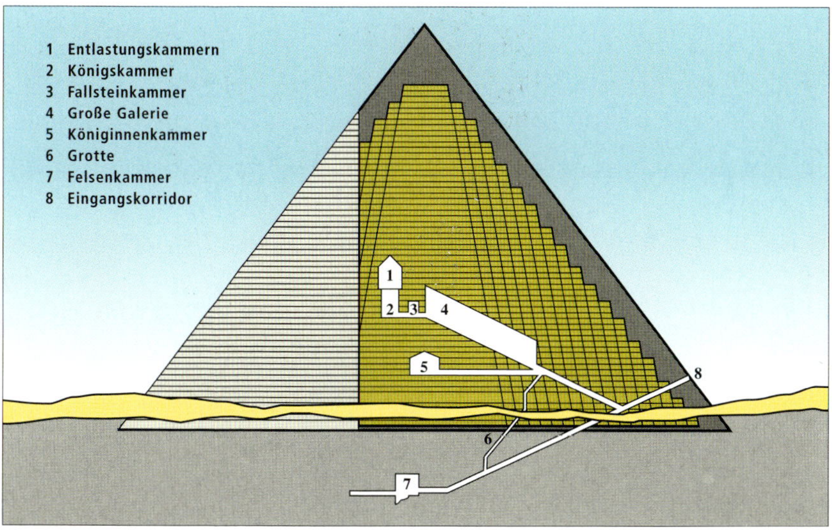

monumentale Eingang, der einst nicht sichtbar war, weil er von den Turakalksteinplatten verdeckt wurde, war auf der nördlichen Seite auf ca. 17 m Höhe über der Basis angelegt worden, wie es bei den Pyramiden üblich war: Zwei übereinandergelegte Architrave, die auf Pilastern ruhen, werden ihrerseits von enormen, giebelförmig aufgehängten Blöcken abgesichert.

Das Innere der Pyramiden zwischen Kammern und Galerien

Der Eingang führte zu einem etwa 100 m langen, abschüssigen Korridor, von dem mehr als zwei Drittel 30 m tief unter der Erde lagen: Hier war nach einem kurzen waagrechten Weg eine grob ausgeführte und möglicher-

Das »Gefolge« einer Pyramide

Der Pyramidenbezirk

Die Pyramide war kein isoliertes Element, sondern Teil eines ausgedehnteren Gebäudekomplexes, der bereits zur Zeit Snofrus den Taltempel, den Aufweg als Verbindung zwischen diesem und dem Totentempel sowie Letzteren in der Umgebung der Pyramide umfasste. Im Fall der Cheopspyramide entwarf der Architekt Hemon sowohl die Pyramide als auch den Taltempel und den Totentempel sowie die königlichen Mastabas (Gräber in Form eines Pyramidenstumpfs), die für die Verwandten und hohen Würdenträger in den Nekropolen bestimmt waren, die das Hochplateau umgaben. Vom Tal-

Auf der gegenüberliegenden Seite oben, Frontispiz von Voyage d'Egypte et de Nubie *von Frederik Ludwig Norden (1708–1742). Unten, Sonnenschiff, 1954 in einer Grube in der Nähe der Cheopspyramide entdeckt und nach 16 Jahren Arbeit wieder zusammengesetzt. Links, noch ein Bild der drei Pyramiden des Cheops, Chefren und Mykerinos.*

weise nie vollendete Kammer; von da aus ging der Korridor noch einige wenige Meter weiter. An diesem Punkt muss während der Bauausführung die erste der Planungsmodifizierungen im Pyramideninneren stattgefunden haben: Vom abwärtsführenden Korridor gelangte man zu einem Durchgang, der zu einem zweiten, diesmal aufstei-

tempel, der normalerweise am Nil gelegen sein müsste, ist keine Spur gefunden worden, sei es wegen der antiken Räubereien oder weil er sich unter dem Dorf Gizeh befinden müsste. Der Aufweg, der bei der Cheopspyramide wahrscheinlich gedeckt war, ist nur in einigen Abschnitten rekonstruierbar, während der Totentempel (der beim Vorgänger noch ein einfacher Stelenaltar war) im Osten der Pyramide aus einem großen Kolonnadenhof bestand, der in den für die Kulthandlungen bestimmten, leider kaum bekannten Teil geführt haben dürfte. Zum Pyramidenbezirk gehören darüber hinaus weitere kleine Pyramiden, die gewöhnlich für die Königinnen und Familienmitglieder bestimmt waren: Bei Cheops sind es drei, die im Süden der großen Pyramide liegen und bereits in alter Zeit ausgeraubt wurden. Ebenfalls auf der südlichen Seite wurde, unter Deckblöcken begraben, ein zerlegtes Boot aus Zedernholz gefunden, ein Begräbnisschiff, wie die analogen Bootsgruben zeigen, die in der Nähe der Pyramiden des Chefren und der Pharaonen der 5. Dynastie gefunden wurden. Das Boot wurde geborgen und ist heute, wieder zusammengesetzt, ausgestellt; eine zweite Grube in situ *enthielt ein zweites Boot.*

Rechts, die drei Pyramiden des Cheops, Chefren und Mykerinos ihrer Größe nach von Nordosten nach Südwesten gesehen.
Unten, die Dioritstatue des Chefren (2520–2494 v. Chr.), die 1860 vom französischen Archäologen Auguste Mariette im Taltempel der Chefren-Pyramide in Gizeh gefunden wurde.

Die Pyramide des Chefren

Das Hochplateau von Gizeh wurde von den Herrschern der 4. Dynastie als Ort für den Bau ihrer königlichen Grabstätten ausgewählt: Nach Mykerinos wurden keine Pyramiden mehr errichtet, vielleicht weil der Raum, der auch von Gräbern für Familienangehörige und hohe Würdenträger beansprucht wurde, nunmehr knapp geworden war. Die antiken Autoren nahmen verschiedentlich nur die Begriffe Cheopspyramide, die Pyramiden des Cheops und des Chefren oder auch alle drei in die Liste der Sieben Weltwunder auf: Philon von Byzanz, unter dessen Namen uns ein Text über

die Sieben Weltwunder überliefert wurde, spricht von den Pyramiden von Memphis. Die Pyramide des Chefren, Sohn des Cheops, hat etwa 215 m lange Seiten und eine Höhe von über 143 m; sie weist etwas mehr Neigung als die Cheopspyramide auf, was sie aufgrund ihrer etwas erhöhteren Lage als die höhere Pyramide erscheinen lässt. Im oberen Stück ist noch ein Teil der Verkleidung aus Turakalkstein erhalten. Die Erforschung des Inneren der Pyramide erfolgte durch den Italiener Giovanni Battista Belzoni, der 1819 bis zur Grabkammer vordrang: Die Pyramide hatte

genden Korridor führte und der nach Beendigung der Arbeiten sorgfältig versiegelt wurde. Dieser zweite Durchgang führte nach einem horizontalen Abschnitt genau unter die Achse der Pyramidenspitze und hier, 20 m über dem Boden, wurde eine zweite Kammer gebaut, die von den Arabern »Königinnenkammer« genannt wurde. In Wirklichkeit sollte dieser Ort aller Wahrscheinlichkeit nach den Pharao beherbergen,

Unten, das Antlitz der Sphinx, es ist 4 m breit und weist noch heute Farbspuren auf.

zwei Zugänge, einen auf der Nordseite und einen zweiten, möglicherweise älteren, am Fuße der Pyramide. Letzterer führte hinab unter die Erde und stieg nach einem horizontalen Abschnitt wieder bis zur Grabkammer an, die nur knapp unter dem Boden lag; ursprünglich war im horizontalen Teil des älteren Korridors eine Grabkammer vorgesehen, die schon bald wegen des Einsickerns von Wasser aufgegeben wurde, was auch der Grund dafür war, den Einstieg in die Wand zu verlegen. Der granitene Sarkophag mit dem zerborstenen Deckel stand noch in der Kammer, er war jedoch leer. Der Pyramidenbezirk des Chefren mit Taltempel, Totentempel und Aufweg ist der bekanntere. Der Taltempel mit quadratischem Grundriss hatte zwei Eingänge, die nach einer Art Vorraum in eine große Halle in T-Form führten, die Statuen des Pharaos beherbergte und in der die wertvollsten Steine verwendet wurden; der Aufweg, der fast einen halben Kilometer lang ist, führt zum Totentempel, in dem man die ausschließlich dem Kult bestimmten Räume erkennt, die den Priestern im innersten Bereich des Tempels vorbehalten waren. Neben dem Totentempel wurden 5 Gruben gefunden, die wahrscheinlich für die Boote bestimmt waren. Zum Pyramidenbezirk des Chefren gehörte auch die Sphinx mit ihrem Tempel, die aus dem felsigen Block entstand, der nach dem Bau der Cheopspyramide übrig geblieben war und auf dem der Löwenkörper (Gott Atum) errichtet wurde, dem man das Antlitz des Chefren verlieh.

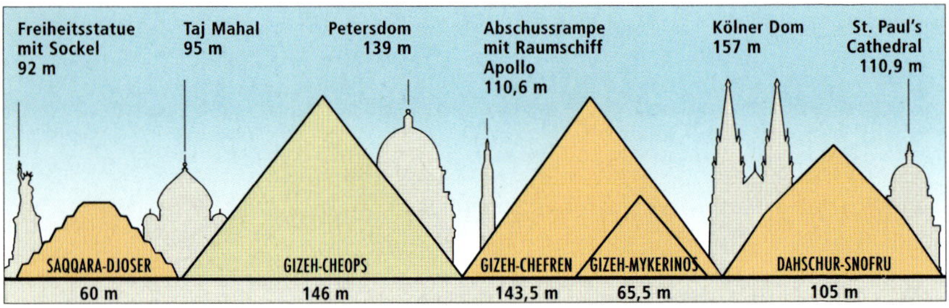

Oben, die Grafik vergleicht die Dimensionen der drei Pyramiden von Gizeh mit der Größe einiger anderer bekannter Monumente oder Gebäude. Unten, der Zwerg Seneb mit seiner Gemahlin Sentiotes und den kleinen Kindern, bemalter Kalkstein, wahrscheinlich aus der 6. Dynastie (Kairo, Ägyptisches Museum). Rechts, Figurengruppe, die im Taltempel der Pyramide des Mykerinos gefunden wurde, sie stellt den Pharao dar, links flankiert von der Göttin Hathor und rechts von der Schutzgottheit des 17. Gaues von Oberägypten (administrativer Bezirk), die durch das Attribut, das sie auf dem Kopf trägt, zu identifizieren ist.

jedoch erfolgte noch einmal eine Änderung in der Planung: Vom aufsteigenden Korridor aus wurde die sogenannte Große Galerie geschaffen, die noch einmal auf eine Höhe von 42 m über dem Boden anstieg, wo die Grabkammer lag. Galerie wie auch Grabkammer zeichnen sich durch die Sorgfalt und geschickte Nutzung der architektonischen Struktur aus: Erstere ist nämlich etwa 8,5 m hoch und besitzt eine Decke aus vorkragenden Steinlagen, Letztere hat einen rechteckigen Grundriss, dessen Längsseite fast das Doppelte der Breitseite misst, und eine Decke von 9 Granitbalken, über denen 5 niedrige Entlastungskammern angelegt wurden, deren letzte eine schräge Decke hat. Auf einigen der Granitblöcke blieb in roter Farbe das Zeichen des Steinbruchs mit dem Namen des Herrschers Cheops erhalten – dies ist die einzige Stelle in der gesamten Pyramide, wo sein Name auftaucht. In der Kammer, die vom Korridor durch einen Raum getrennt ist, in dem drei Fallsteine aus Granit das Innere versiegeln sollten, wurde nur ein Sarkophag aus schwarzem Granit und ohne Deckel gefunden, dessen Dimensionen die Breite der Großen Galerie um 2,5 cm übertreffen: Er muss

Die »kleinere Schwester« von Cheops und Chefren

Die Pyramide des Mykerinos

Wie die Pyramide des Chefren wurde auch die Pyramide des Mykerinos innerhalb einer Einfriedung, in diesem Falle einer doppelten Mauer, errichtet. Die Dimensionen sind viel kleiner, die Seitenlänge dürfte um die 105 m (heute wegen des Trümmerschutts nicht messbar), die Gesamthöhe (es fehlt das letzte Stück) um die 66 m betragen. Die Oberfläche war mit Platten, zum Teil aus rotem Kalkstein aus Assuan, zum Teil aus weißem Turakalkstein verkleidet. Auch das Innere der Pyramide des Mykerinos musste in der Folge Veränderungen über sich ergehen lassen: Durch die von den Mamelucken geöffnete Bresche sah man, dass es zwei Korridore gab; der eine hatte seinen Eingang innerhalb des Bauwerks und mündete in einer unterirdischen Felsenkammer, der sogenannten oberen Vorkammer (wo ein hölzerner Sarg mit der Kartusche mit dem Namen des Königs gefunden wurde), der zweite hatte den Eingang in der Mitte der Nordseite und führte durch eine palastartig geschmückte Gangkammer hindurch zur oberen Vorkammer und von hier zur Grabkammer, die nach einer Modifizierung des Bauplans realisiert wurde. In der Grabkammer wurde der Basaltsarkophag gefunden (der später verloren ging), während einige Fragmente des Deckels im davorliegenden Raum gefunden wurden. Es wurden, wie oben erwähnt, auch die Fragmente eines hölzernen antropomorphen Sarkophags mit den Namen des Herrschers und Knochenresten entdeckt: Es ist wahrscheinlich, dass man nach den Grabschändungen die Reste des Pharaos im zweiten hölzernen Sarg abgelegt hat. Kleiner im Vergleich zu den Vorgängern war auch der Pyramidenbezirk, der wahrscheinlich beim Tod des Pharaos noch nicht einmal vollendet war und von seinem Nachfolger zu Ende gebaut wurde; im Süden der Pyramide erhoben sich darüber hinaus drei kleinere Pyramiden, die für Frauen aus der königlichen Familie bestimmt waren.

Rechts, die ca. 136 m hohe Cheopspyramide, die aus ca. 2 300 000 Steinblöcken mit einem unterschiedlichen Gewicht zwischen 2,5 und 15 Tonnen erbaut wurde. Unten, die Holzstatue des Priesters Ka-aper, der zur Zeit der 5. Dynastie gelebt hatte, die Statue wurde 1860 entdeckt (Kairo, Ägyptisches Museum).

daher bereits während der Bauarbeiten in diesem Raum aufgestellt worden sein. An der Nord- und Südseite der Kammer wurden zwei lange Kanäle ausgeführt, die bis zu den äußeren Wänden reichten; ihre Funktion ist unklar (man findet sie nur in der Cheopspyramide), wahrscheinlich aber dienten sie den am Bau beschäftigten Menschen als Belüftungsschächte, denn sie wurden gemeinsam mit der Pyramide versiegelt.

»Objekt der Begierde« von Grabräubern und Wissenschaftlern

Nachdem der Körper des Pharaos in den Sarg gelegt worden war, wurden die Grabkammer und der Durchgang zwischen der Galerie und dem aufsteigenden Korridor versiegelt: Die Arbeiter hatten ihren Fluchtweg in einem Gang unter dem aufsteigenden Korridor, der bis zum absteigenden Korridor führte, aus dem sie ins Freie gelangten und hinter sich jeden Zugang blockierten. Eine der offen gebliebenen Fragen betrifft auch die Große Galerie: Warum wurde sie mit einer solchen

Sorgfalt und in derart beträchtlichen Dimensionen ausgeführt? Die Wissenschaftler nehmen an, dass sie als vorübergehendes »Depot« der großen, für die Zumauerung der Durchgänge bestimmten Blöcke gedient habe, die entweder auf enormen Trägern im oberen Teil befestigt oder auf dem Boden festgeklemmt waren. Als derjenige, der für die Arbeiten verantwortlich war, gilt der Wesir Hemon, ein Cousin des Pharaos; von ihm ist eine sitzende Statue erhalten geblieben, die in einem Grab in Gizeh gefunden wurde. Die Pyramide war bald schon erklärtes

Unten, Illustration aus dem 19. Jh., auf der der Aufweg des Cheops noch zu sehen ist.

Ziel von Grabschändern und Räubern: Sollten die Verkleidungsplatten tatsächlich bereits ab der 1. Zwischenzeit entwendet worden sein, traf wahrscheinlich auch das Innere ein ähnliches Schicksal. Der noch heute benutzte Einstieg stammt hingegen aus dem 11. Jh. n. Chr., als laut mittelalterlichen arabischen Quellen der Kalif Ma'mun, Sohn des berühmten Protagonisten aus *Tausend und einer Nacht* Harun ar-Rashid, nach seiner Ankunft in Ägypten eine Bresche in die Pyramidenwand schlagen ließ, um dort nach dem Schatz zu suchen. Der Kalif soll im Inneren – was ziemlich unwahrscheinlich ist – eine Statue aus grünem Stein gefunden haben,

die den Körper eines Mannes in einer goldenen Rüstung und einen großen Rubin enthielt. Seit ihrem Bau evozieren die Pyramieden fantasievolle Geschichten über ihre Funktion, oft beeinflusst durch die irrigen Deutungen in den antiken Quellen. Die arabischen Reisenden glaubten in ihnen die Kornspeicher Josephs zu erkennen oder schrieben die Erbauung dem mythischen Herrscher Surid zu, der 300 Jahre vor der Sintflut gelebt hatte und sein Volk vor einer Katastrophe retten wollte. Bald schon kamen die europäischen Reisenden, und die oft merkwürdigen Berichte über die Pyramiden wurden weiterhin verbreitet, auch wenn es an Versuchen rationaler Erklärungen nicht mangelte. Man sollte noch bis zu Napoleons

Die Wissenschaftler und die Expeditionen nach Ägypten

Forschung und Fantasie

Nach der Epoche der Reisenden stießen die Expedition Napoleons und vor allem die Untersuchungen, die von den die Truppen begleitenden Wissenschaftlern durchgeführt wurden, auf ein breites Echo in Europa und bereiteten den Weg für weitere wissenschaftliche Missionen, die seit dem 19. Jh. bis heute ununterbrochen stattfinden. Nicht zufällig ist die erste Hälfte des 19. Jh. durch die beiden bedeutenden Expeditionen von Champollion und Rossellini sowie Lepsius gekennzeichnet. In den 30er-Jahren des 19. Jh. war die Cheopspyramide Gegenstand von Untersuchungen der Engländer Howard Vyse und John Perring, die das Innere der Pyramide erforschten – sogar unter Einsatz von Sprengmitteln – und die anderen vier Entlastungskammern auffanden, die über der Grabkammer lagen (die erste war bereits in der zweiten Hälfte des 18. Jh. entdeckt worden); wenige Jahre zuvor hatte Giovanni Battista Belzoni den Zugang zur Pyramide des Chefren gefunden, der, ebenso wie der Eingang der Pyramide des Mykerinos, noch nicht entdeckt worden war. Vyse gelang

Auf der gegenüberliegenden Seite oben, Jean-François Champollion (1790–1832). Unten, Gemälde von Angelelli, das die Expedition von Champollion und Ippolito Rossellini (1800–1843) darstellt, die beiden waren unter den Ersten, die das Tal der Königinnen erforschten und gehören ebenso wie Karl Richard Lepsius zu den größten Ägyptologen ihrer Zeit.
Links, die Einnahme Kairos durch die napoleonischen Truppen auf einem zeitgenössischen Druck.

Expedition 1798 und auf sein Gefolge von Wissenschaftlern warten müssen, um eine erste Erforschung der Pyramiden zu erleben. Dieser Schritt sollte der wissenschaftlichen Erforschung der Bauwerke den Weg bereiten.

es außerdem, unter der von den Arabern geschlagenen Bresche den Zugang zur Pyramide des Mykerinos zu finden und ihr Inneres zu erforschen. Und dennoch verhinderten eine umfassendere Kenntnis der Monumente und eine Entzauberung absurder Lesarten nicht das Entstehen überraschender Theorien über die Pyramiden. Wie Franco Cimmino richtigerweise schreibt: »es waren eben gerade diese seriösen Untersuchungen, die Vermessungen, die mit den zur damaligen Zeit besten verfügbaren Instrumenten durchgeführt worden waren, das Sammeln objektiver Daten, es war die Zurückweisung von Märchen und Phantasiegeschichten … , die wenige Jahrzehnte später eine unkontrollierte und heftige Explosion der Theorien von Pyramidologen, Mystikern und Esoterikern entfesseln sollte.« (in Storia delle piramidi, *Rusconi, Mailand 1996) Am berühmtesten unter diesen ist die Theorie von Charles Piazzi-Smith, der in der zweiten Hälfte des 19. Jh. ein Maß erfand, den Pyramidenzoll, auf dessen Basis er Zeitrechnungen anstellte. Am Ende des 19. Jh. gab die bedeutende Arbeit von Flinders Petrie in Gizeh den Pyramiden ihre richtige Dimension wieder: Abgesehen von der Erforschung der Pyramiden führte Petrie ab 1880 ein halbes Jahrhundert lang Ausgrabungen in verschiedenen Gebieten Ägyptens durch und trug damit in entscheidendem Maße zur Entstehung der modernen Forschung bei.*

Die Hängenden Gärten von Babylon

- Eine Stadt, reich an Tempeln und großartigen Palästen
- Aufbau und Lage der Gärten
- Die Gärten in den wissenschaftlichen Theorien

- Gärten von Babylon oder Ninive?

Im Gegensatz zu den Pyramiden, ist von den Hängenden Gärten von Babylon nichts Konkretes geblieben. Dem völligen Fehlen babylonischer Zeugnisse stehen die Aussagen vieler griechischer und römischer Autoren gegenüber, die die Schönheit des am Euphrat errichteten »Wunders« überliefern (»üppig und königlich ist das kunstvolle Werk«, so Philon von Byzanz). Die antiken Autoren schildern sie als terrassenförmig angelegtes Bauwerk, das mit allen Arten von Pflanzen geschmückt ist, die mithilfe eines komplexen hydraulischen Systems bewässert werden. Die moderne Wissenschaft versucht sie zu rekonstruieren und eine Theorie aus jüngster Zeit scheint zu neuen Entwicklungen zu führen: Lagen die Gärten tatsächlich in Babylon oder etwa in Ninive?

Die Hängenden Gärten von Babylon sind dasjenige unter den Bauwerken, die in die traditionelle Liste der Sieben Weltwunder der Antike Aufnahme fanden, über dessen reale Existenz bislang noch keinerlei Gewissheit herrscht. Ist zwar in den zeitgenössischen babylonischen Quellen (Texte der Täfelchen in Keilschrift und Festinschriften) und der ältesten klassischen Quelle, die sich ausführlich mit Babylonien beschäftigt, nämlich Herodot (zwischen 490 und 480 v. Chr.– ca. 424), darüber nichts zu finden, machen es einem jedoch die Überlieferungen der griechischen und römischen Autoren schwer, die starke Präsenz der berühmten Gärten des Nebukadnezar II. zu ignorieren. Denn diesem Herrscher, Sohn des Nabupolassar, der zwischen 604 und 562 v. Chr.

Oben, Rekonstruktion der Hängenden Gärten von Babylon aus dem 19. Jh. Unten, Büste von Herodot, das Historienwerk Herodots wurde von den alexandrinischen Grammatikern in neun Bücher unterteilt, aber es ist umstritten, ob er alle Länder, die er beschreibt, auch besucht hat, vielleicht hat er seine Reisenotizen durch Notizen, die er schriftlichen Quellen entnahm, vervollständigt.

Die chaldäische Dynastie

Einer Dynastie aramäisch-chaldäischen Ursprungs ist die letzte großartige Blütezeit des Babylonischen Reichs zuzuschreiben, das nach der Befreiung von der assyrischen Macht 70 Jahre lang Mesopotamien beherrschen sollte. Die zentralen Figuren hierbei sind Nabupolassar (625–605 v. Chr.) und sein Sohn Nebukadnezar (605–562 v. Chr.). Ersterer, ein Verbündeter des aufsteigenden Medischen Reichs, erobert 612 v. Chr. die assyrische Hauptstadt Ninive; Letzterer nimmt 586 v. Chr. Jerusalem ein. Der letzte babylonische Herrscher Nabonid (555–539 v. Chr.) sieht den letzten Versuch eines Widerstands des Reichs gegen die sich ausweitende persische Macht scheitern: Kyros hält 539 v. Chr. siegreich in Babylon Einzug und besiegelt das Ende des chaldäischen Staates.

regierte, werden viele Bauwerke und Monumente zugeschrieben, die die Stadt Babylon durch die Jahrhunderte hindurch berühmt machen sollten. Bereits der Vater hatte nach den assyrischen Zerstörungen ihren Wiederaufbau unternommen, während der Sohn nach der Rückeroberung von Karkemisch, das 605 unter ägyptische Herrschaft geraten war und wo seither verschiedene Aufstandsversuche unterdrückt worden waren, das Wiedererstehen der Stadt und ihre Erweiterung durch den Bau von Palästen, Tempeln und monumentalen Gebäuden weiter förderte.

Eine Stadt, reich an Tempeln und großartigen Palästen

Die Stadt, die seit Beginn des 20. Jahrhunderts ausgegraben wurde (der deutsche Architekt Robert Koldewey untersuchte den Ort zwischen 1899 und 1917), war von einem

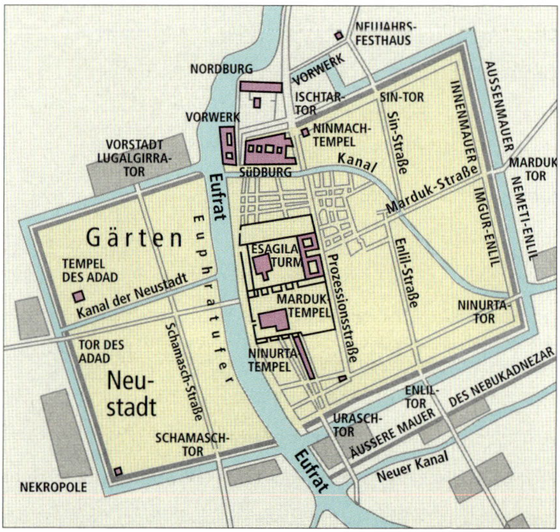

äußeren und einem inneren Mauergürtel umgeben, der durch 8 Tore gegliedert war; die rechteckige Anlage wurde vom Euphrat durchflossen, an dessen Ostseite die Hauptgebäude lagen. Hier waren die *Ziqqurat* des Gottes Marduk mit dem Tieftempel (*Esagila*) und das *Bit akitu* (das Neujahrsfesthaus, das sich im Norden außerhalb des inneren Mauerrings befunden haben dürfte) miteinander durch die Prozessionsstraße verbunden, der als grandiose Kulisse das berühmte Ischtar-Tor diente, das Nebukadnezar zu Ehren eben jenes Marduk erbauen ließ. Den heiligen Bauten entsprach die Großartigkeit der königlichen Wohnsitze: Die sogenannte Nordburg jenseits des inneren Mauergürtels war mit der Südburg, auch Stadtpalast genannt, verbunden, die innerhalb dieses Mauergürtels lag, während sich in der Nähe des äußeren Mauerrings die Sommerresidenz befunden haben dürfte. Die Südburg bestand aus 5 inneren Höfen, die entlang einer Ost-West-Achse lagen und um die herum die Räumlichkeiten für offizielle und administrative Zwecke (Ostteil) sowie die privaten Gemächer (Westteil) angeordnet waren, die ihren Knotenpunkt im Thronsaal im Inneren

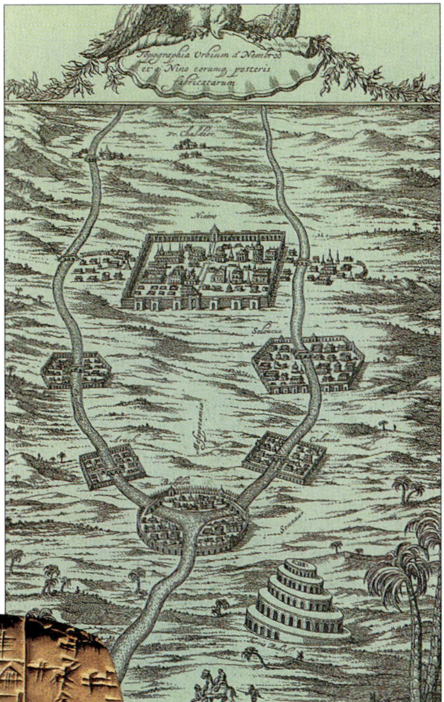

Auf der gegenüberliegenden Seite oben, die Juden in Ketten vor König Nebukadnezar in Babylon, Miniatur des Psalters Beatae Elisabeth *aus dem 13. Jh. (Cividale del Friuli, Museo Archeologico). Unten, Plan von Babylon. Diese Seite oben, Mesopotamien und seine bedeutendsten Städte in einem Druck von 1679. In der Mitte, Keilschrifttäfelchen von 2360 v. Chr. aus Mesopotamien.*

Rechts, Rekonstruktion der Ziqqurat *und des Tieftempels des Marduk (Berlin, Vorderasiatisches Museum). Unten, Babylon in einem handkolorierten Stich aus dem Jahr 1683 von A. M. Mallet (1630–1706). Auf der gegenüberliegenden Seite, Frontispiz der* Storia di Alessandro Magno *von Curtius Rufus in einer italienischen Ausgabe von 1559.*

Die Quellen zum »Weltwunder« von Babylon

Die Gärten nach Diodor

Dies ist eine Beschreibung, die uns Diodorus Siculus in seiner Abhandlung über Babylon liefert.

»1) Da gab es auch die sogenannten Hängenden Gärten neben dem Schloß, nicht das Werk der Semiramis, sondern eines der späteren Könige von Syrien, das dieser einer seiner Nebenfrauen zuliebe anlegte. Diese soll Perserin gewesen sein und voller Sehnsucht nach ihren heimatlichen Bergwiesen den König gebeten haben, mit Hilfe der Gartenbaukunst die Eigentümlichkeiten persischer Landschaft nachzuahmen.

2) Jede Seite dieses Parks war etwa 4 Plethren lang [1 Plethrum entspricht ca. 32,12 m; Anm. d. Ü.]; er zog sich über die Höhe von mehreren Stockwerken langsam wie ein Berghang hinan, so daß das Ganze dem ansteigenden Zuschauerraum in einem Theater glich.

© Corbis / Grazia Neri

3) Unterhalb dieser ansteigenden Fläche befanden sich Galerien, die die ganze Last der Gartenanlage zu tragen hatten, jede entsprechend der Neigung des Anstiegs etwas höher als die vorhergehende. Die letzte von ihnen war

des zentralen Hofs hatten; dort lag der Körper Alexanders des Großen aufgebahrt, der 323 v. Chr. in dieser Stadt starb. Und in diesem königlichen Palast dürften die berühmten Hängenden Gärten angelegt worden sein. Die Zeugnisse des Diodorus Siculus (1. Jh. v. Chr.), Strabon (ca. 64 v. Chr.–ca. 23 n. Chr.) und Curtius Rufus (1. Jh. n. Chr.) scheinen diesbezüglich Elemente gemeinsamen Ursprungs zu enthalten. In den Beschreibungen erscheinen immer wieder die Dimensionen (um die 3 500 m), die Verwendung des Steins, die terrassenförmige

Q. CVRTIO
DE' FATTI D'ALESSANDRO MAGNO, RE DE' MACEDONI.
TRADOTTO PER M. TOMASO PORCACCHI,
con alcune Annotationi, dichiarationi, & auuertimenti, & con una lettera d'ALESSANDRO ad Aristotele, del sito dell'India, & con la Tavola copiosissima delle cose notabili.
ALL'ILLVSTRISS. ET MOLTO REVERENDO SIGNORE, IL S. FEDERICO GONZAGA.
CON PRIVILEGIO.

50 Fuß hoch und trug die obersten Teile des Parks, etwa in gleicher Höhe mit der Brustwehr der Stadtmauer.
4) Die Stützmauern, die man unter hohen Kosten errichtet hatte, waren 22 Fuß dick, ihre Zwischenräume aber nur 10 Fuß breit, die Decke bestand aus steinernen Quadern, mit den Fugen zusammen 16 Fuß lang, 4 breit.
5) Sie trugen zuunterst eine Schicht aus Schilfrohr mit viel Erdpech, darüber eine doppelte aus gebrannten Ziegeln, mit Gips zusammengefügt; eine dritte Schicht bildeten Bleiplatten, damit nicht die Feuchtigkeit von der daraufgeworfenen Erde in die Tiefe hinunterdringe. Obendrauf aber lag eine Schicht Humusboden, tief genug, auch die Wurzeln höchster Bäume in sich aufzunehmen. Der Boden selbst war geebnet und mit vielerlei Bäumen bepflanzt, wie sie in ihrer Höhe und sonstigen Schönheit den Betrachter erfreuen mussten.
6) In den Galerien, die voneinander abgesetzt waren und auf diese Weise Licht erhielten, lag eine Fülle verschiedenartiger Räumlichkeiten für den König. In einem dieser Räume, und zwar der obersten Gruppe, befanden sich Öffnungen und Maschinen zum Heraufpumpen des Wassers: Mit ihrer Hilfe wurde Wasser aus dem Flusse nach oben gebracht, ohne daß ein Außenstehender etwas bemerkte.«

Diodor (Diodorus Siculus)
Griechische Weltgeschichte,
Buch II, 10
Übersetzung von Gerhard Wirth
Anton Hiersemann, 1992

Rechts, der Euphrat im Irak in der Nähe von Ar Ramadi. Unten, eine der vielen Statuen längs der Straße, die zum Ischtar-Tor führt, eine richtige Bastion vor dem Hauptpalast in Babylon. Diese Statuen sind manchmal sehr alt und Teil von Kriegsbeute.

Anordnung auf mehreren Ebenen bis zur Umfassung durch einen Mauerring, die Nähe zum Euphrat, und das Vorhandensein großer Bäume. Stärker fasziniert vom Reichtum an Pflanzen und Wasserfontänen ist hingegen Philon von Byzanz (2. Jh. v. Chr.). Das Echo eines wichtigen Zeugnisses wiederum liefert uns Josephus Flavius, Schriftsteller der Kaiserzeit (1. Jh. n. Chr.), der sich auf das Werk des Berossos bezieht, eines babylonischen Priesters, der zwischen dem 4. Jh. und dem 3. Jh. v. Chr. auf Kos lebte und Verfasser der *Babyloniakà* (»Geschichte Babylons«) war.

Aufbau und Lage der Gärten

Berossos, der über die von Nebukadnezar vollendeten Werke berichtete, schrieb diesem Herrscher u. a. die Erweiterung des von Nabupolassar begonnenen Palastes und die Errichtung der Hängenden Gärten zu, welche er für seine Gemahlin persischen Ursprungs anlegen ließ. Während das Zeugnis des Berossos das Verdienst hat, die wichtigen Bauvorhaben der Stadt auf die historische Figur des chaldäischen Herrschers zurückzuführen (die in den griechischen Quellen sonst der mythischen Figur der Semiramis zugeschrieben wurden), liefern die Beschreibungen der antiken Autoren ein Bild der Gärten als terrassenförmige Strukturen auf großen Substruktionen, d. h. Unterbauten, die mit allen Arten von Pflanzen geschmückt und mit dem Wasser aus dem Euphrat versorgt wurden. Zu ihrer genauen Lokalisierung im Inneren des Palastes wird jedoch kein Hinweis gegeben. Nach Koldeweys Hypothese könnten sich die Gärten in der nordöstlichen Ecke des Palastes befunden haben, wo der Architekt eine große Konstruktion zutage förderte, bestehend aus 14, einst durch Tonnengewölbe gedeckte, unterirdisch gelegenen Kammern mit mächtigen Mauern, welche offensichtlich die Funktion von Substruktionen hatten, die im Norden und Osten durch die Umfassungsmauer des Gebäudes selbst begrenzt wurden. Abgesehen von den aufgefundenen Fragmenten aus Stein wurde in einem dieser Räume auch ein Brunnen mit mehreren Schächten

Unten, Rekonstruktion des großen Ischtar-Tors, dem Haupteingangstor nach Babylon zur Zeit Nebukadnezars (Berlin, Vorderasiatisches Museum).

Ein zyklopisches Bauwerk

Die Mauern von Babylon

Die Mauern von Babylon wurden schon seit Langem unter den Weltwundern der Antike genannt und sie dürften sogar bereits in der ältesten diesbezüglich erstellten Liste erschienen sein. Der doppelte Mauerring hatte eine äußere Länge von 18 km und schloss eine innere Mauer ein, auch diese doppelt, mit 8 monumentalen Toren. Das berühmteste unter ihnen ist zweifelsohne das Ischtar-Tor im Norden, am Ende der Prozessionsstraße. Das Tor, das eine Höhe von über 20 m erreicht haben dürfte, bestand eigentlich aus zwei Toren von unterschiedlicher Höhe, die von zwei Türmen flankiert wurden. Es war mit blauen, glasierten Ziegeln mit Friesen von Drachen und Stieren verkleidet, Tiere die den Göttern Marduk bzw. Adad verbunden sind; Ersterem war das Tor geweiht.

entdeckt, der mit der hydraulischen Anlage in Verbindung gebracht wurde, die das Wasser in die Gärten transportiert haben dürfte. In jüngerer Zeit wurde ein zweiter Vorschlag zur Lokalisierung gemacht; er hat den Vorteil, einige Schwierigkeiten zu beseitigen, die die erste Vermutung aufgeworfen hatte – sei es die abgelegene Position der Wasserzulieferung, sei es die Notwendigkeit, Büros und Privatgemächer zu durchqueren, um die Gärten zu erreichen, oder aber das Vorhandensein eines Archivs von Täfelchen in einem der Räume (mit einer Liste der Ratio-

nen für die Verbannten und Gefangenen zur Zeit Nebukadnezars), was vielmehr an Magazine denken lässt. Jedoch erscheint auch die Annahme einer Stützarchitektur für das Ischtar-Tor oder eines Raums, der dem Hof in Zeiten der Gefahr Zuflucht bieten konnte, plausibel. Aus diesen Gründen lokalisierte D. J. Wiseman die Gartenanlage im Westen des Nordpalastes und im nördlichen Bereich des Vorwerks, wo sich die Gärten somit im Uferbereich des Euphrats befunden hätten und wo sie sich innerhalb des Mauerrings (der am Ostufer des Flusses jedoch erst von Nabonid erbaut wurde) gut terrassenförmig zum Palast hin anlegen hätten lassen und sich zum Park hingezogen hätten, der sich außerhalb der inneren Mauern erstreckt haben dürfte.

Oben, Rekonstruktion der Hängenden Gärten von Babylon durch Mario Larrinaga (1895–1979). Unten, der äußere Mauerring von Babylon, der ca. 18 km lang war. Links, ein Teil der babylonischen Mauern.

Rechts und unten, zwei Rekonstruktionen der Hängenden Gärten, letztere als Computersimulation. Auf der gegenüberliegenden Seite, eine Rekonstruktion des Ischtar-Tors in Babylon.

»Üppig und königlich ist das kunstvolle Werk«

Die Gärten in der Beschreibung des Philon

»(I 1) Der sogenannte Hängende Garten hat den Bewuchs überirdisch und wird so in der Luft bebaut, wobei er mit den Wurzeln der Bäume wie ein Dach von oben den gewachsenen Erdboden überdeckt. Unten sind steinerne Säulen aufgestellt, so daß der ganze Ort durch die Pfeiler unterirdisch ist.

(I 2) Auf diesen Pfeilern liegen Palmen als Querbalken, jede für sich, und lassen jeweils nur einen ganz engen Zwischenraum. Dieses Holz fault als einziges von allen nicht; befeuchtet und belastet wölbt es sich nach oben, und es nährt die Triebe der Wurzeln, indem es die Wurzelknoten von außerhalb zu sich in seine eigenen Lücken aufnimmt.

(I 3) Auf diese Querbalken ist viel tiefe Erde aufgeschüttet, und schließlich sind breitblättrige und insbesondere Gartenbäume gepflanzt, ebenso vielerlei Blumen aller Art - kurz, alles was zum Anschauen am erfreulichsten und zum Genuß am angenehmsten ist. Bebaut wird der Ort wie der gewachsene Boden, ja er läßt den Anbau von Sprößlingen ähnlich wie festes Land zu. Diese Äcker also liegen über den Häuptern derer, die bei den Tragpfeilern umhergehen.

Die Gärten in den wissenschaftlichen Theorien

Wenige Jahre zuvor hatte Wolfram Nagel die Existenz zweier Gartenanlagen angenommen, nämlich die Gärten des Nebukadnezar, vorstellbar im Westen der Südburg im Bereich des Vorwerks, und die Gärten, die später von den Persern genau im Bereich von Koldeweys Gewölbebau wiederaufgebaut wurden. Dieser Ansatz wurde von D. W. W. Stevenson aufgegriffen, einem Wissenschaftler, der sich mit dem Wasserzufuhrsystem für die Gärten beschäftigte, der aber bei dieser Gelegenheit auch alle vorhergehenden Versuche einer Lokalisierung untersucht hat und dabei die Vorteile und Grenzen der Vermutungen

(I 4) Wenn die Oberfläche von oben betreten wird, bleibt die Erde unten auf den Decken wie bei Orten mit sehr tiefer Erde unbewegt, ja völlig unberührt. Die Zufuhr von Wasser, das Quellen an höher gelegenen Orten ausschütten, erfolgt teils, indem es in geradem Lauf bergab fließt, teils, indem es, in Spiralen hinaufgedrückt, nach oben läuft; dabei fließt es durch mechanische Kräfte um die Schraubengänge der Maschinen. Es wird in zahlreiche große Bassins ausgeschüttet und bewässert den ganzen Garten, tränkt die Pflanzenwurzeln in der Tiefe und hält das Ackerland feucht, weshalb die Wiesen immerblühend und die Baumblätter, die an zarten Zweigen wachsen, taugenährt und windumweht sind.

(I 5) Durstlos nämlich ist die Wurzel, die die anlaufende Feuchtigkeit des Wassers abpaßt und aufsaugt, und die sich mit anderen um das unterirdische Geflecht windet und so den Halt und das sicher steigende Wachstum der Bäume bewahrt. Üppig und königlich ist das kunstvolle Werk und besonders überwältigend darin, daß es die Arbeit des Landbebauens gleichsam über die Häupter der Betrachter aufhängt.«

Philon von Byzanz
Reiseführer zu den Sieben Weltwundern
Übersetzung von Kai Brodersen
Insel Verlag, 1992

Unten, propagandistisches Wandgemälde von Saddam Hussein und Nebukadnezar, König von Babylonien, der zwischen 605 und 562 v. Chr. lebte, im Hintergrund sichtbar das Ischtar-Tor.

aufzeigte (er erwähnte u. a., dass sich der Lauf des Euphrats bereits in neubabylonischer Zeit nach Osten verschoben hatte und dabei wahrscheinlich auch den von Wiseman für die Gärten angenommenen Bereich überflutete). Indem er sich ausschließlich auf die Zeugnisse der antiken Quellen stützte, stellte er die Hypothese auf, die Gärten hätten eine Pyramidenform mit 5 immer kleiner werdenden Ebenen gehabt, die Galerien, Passagen und Gewölbe aufwiesen. Durch einen Vergleich der von den antiken Autoren genannten Maße kommt Stevenson auf eine Ausdehnung von etwa 400 Quadratfuß (= 125 m) im

Grundriss, ein Maß, das sowohl von Strabon als auch von Diodor genannt wird, sowie auf eine Höhe von 50 Ellen (= 25 m). Er denkt also an ein eigenständiges Gebäude mit Terrassen, das eng mit der Südburg verbunden ist, vom Palast aus zugänglich sowie nahe dem Euphrat, mit Passagen unterhalb der Terrassen, zu denen man durch bogenförmige Öffnungen in den Mauern der Passagen gelangen konnte. Die nicht in Gebrauch stehenden Teile der Passagen konnten mit Schotter und Splitt gefüllt sein, als weitere Baumaterialien nimmt Stevenson rohe,

Links, glasierte und restaurierte Kacheln, die einen Drachen darstellen und vom Ischtar-Tor in Babylon stammen (Bagdad, Irak-Museum). Unten, der Königspalast von Babylon auf einem Stich aus dem Jahr 1721 von Johann Bernhard Fischer von Erlach (1656–1723).

mit Stein verkleidete Ziegel an. Von diesem Bauwerk seien die Spuren noch nicht gefunden: Mit Verlust seiner Funktion als Hängende Gärten hätte es keinen Grund mehr gehabt, zu existieren und mag wahrscheinlich während der Zeit der Seleukiden und Parther (2. Jh. v. Chr.–2. Jh. n. Chr.) als Steinbruch für Baumaterialien gedient haben.

Gärten von Babylon oder Ninive?

Im Rahmen dieser Rekonstruktion beschäftigte sich Stevenson im Detail mit dem Bewässerungssystem der Gärten, das seiner Annahme zufolge auf dem Einsatz von hölzernen Schöpfrädern mit Tongefäßen oder Holzeimern

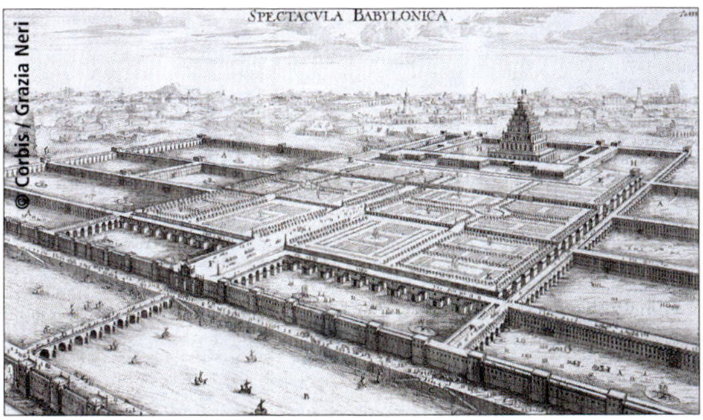

Oben, aus Ninive stammendes Relief aus dem 7. Jh. v. Chr., das König Sanherib auf dem Thron darstellt (London, British Museum). Unten, Teil der Mauern von Ninive.

basierte, die innerhalb des Radrandes befestigt waren und mit der Bewegung des Rades das Wasser in der Tiefe aufnahmen und es oben in Kanäle ausleerten. Dieses als *norias* bekannte System ist im Orient mindestens seit dem 4. Jh. v. Chr. bezeugt. Im Fall der Gärten von Babylon musste sich das Wasserzufuhrsystem in der Nähe der Treppe befunden haben, die Stevenson in der Mitte annimmt: Hier auf der unteren Ebene nahmen zwei große Becken durch unterirdische Leitungen das Wasser vom Euphrat auf, die von Menschen betriebenen Räder hoben es auf das erste Plateau, auf dem sich zwei weitere Becken befanden und von dem die Räder das Wasser zur nächsten Ebene hoben, bis es schließlich die höchste Ebene erreicht hatte. Von hier, wo sich eine Zisterne befinden musste, konnte das Wasser durch Kanäle verteilt und in Zwischendepots befördert werden, die vielleicht auch Zierfunktion hatten. Der Rekonstruktion von Stevenson, der es zwar an Hinweisen zu den Pflanzenarten, dem Klima und der Lage fehlt, kommt doch das Verdienst zu, an einem praktischen Beispiel ein Weltwunder zu zeigen, von dem unsere Kenntnisse sehr beschränkt sind. Man widmete diesem aber weiterhin Studien, von denen einige

Unten, gemeißelte Jagdszene aus der Wand des Nordpalastes in Ninive, Darstellung des Königs Assurbanipal (668–627 v. Chr.), der einen Löwen durchbohrt.

ganz deutlich mit der Tradition brechen. Im Jahr 1994 hat Stephanie Dalley einen Artikel publiziert, in dem sie die Behauptung aufstellt, die Hängenden Gärten hätten sich im Palast des Assyrerkönigs Sanherib (704–681 v. Chr.) in Ninive befunden. Der Autorin zufolge sei in den klassischen Quellen eine Verwirrung zwischen Babylon und Ninive erzeugt worden. Sie argumentiert mit den fehlenden Hinweisen auf die Gärten in babylonischen Quellen im Vergleich zu den assyrischen Überlieferungen, und mit der Überlegung, dass der Übergang von der assyrischen zur babylonischen Macht in der griechischen Welt nicht als historische Zäsur betrachtet wurde, sondern dass vielmehr alles als Assyrisches Reich erschien (nur mit einem Wechsel der Hauptstadt). Im Gegensatz zu den babylonischen Schriften, welche nie auf die Existenz der Gärten verweisen, liefern die assyrischen Quellen in dieser Hinsicht eine reiche Dokumentation. Sanherib selbst bezeugt die von ihm vollendeten Arbeiten zur Wiederinstandsetzung der Wasserversorgung Ninives, darunter die Umleitung des Laufs des Khosr und seiner Zuflüsse: Ein Beleg für die Gärten könnte ein Relief des Palastes von Assurbanipal (Enkel des Sanherib, 668–631 v. Chr.) in Ninive sein. Diese Gärten sind zur Linken des Palastes im Süden der Zitadelle Tell Kujungjik lokalisierbar; sic sollen die Einnahme von Ninive überlebt und noch in parthischer Zeit existiert haben.

Die Zeusstatue von Olympia

- Phidias erschafft das »Wunder«
- Eine aus wertvollen Materialien geformte Statue
- Mythologischer Giebelschmuck für den Zeustempel

- Die Übersiedlung der Statue und ihre Zerstörung

Im 5. Jh. v. Chr. erbaut der Architekt Libon von Elis den Zeustempel in dorischem Stil. Der Tempel selbst ist dem konventionellen griechischen Architekturkanon jener Zeit verpflichtet; die wahre »Attraktion« befindet sich in seinem Inneren: die Zeusstatue, ein Werk von Phidias, dem größten Bildhauer des antiken Griechenlands. Gold, Elfenbein, Ebenholz und Edelsteine in Verbindung mit den außerordentlichen Fähigkeiten des Athener Künstlers machen aus ihr eines der Sieben Weltwunder der Antike. Strabon berichtet, dass die Zeusstatue, wenn sie sich erhoben hätte, das Tempeldach abgedeckt hätte (Strabon, Geografika, *VIII, 3,30). Wegen ihrer Zerstörung 475 n. Chr. können wir uns anhand der vielen Quellen lediglich ein ungefähres Bild von ihr machen.*

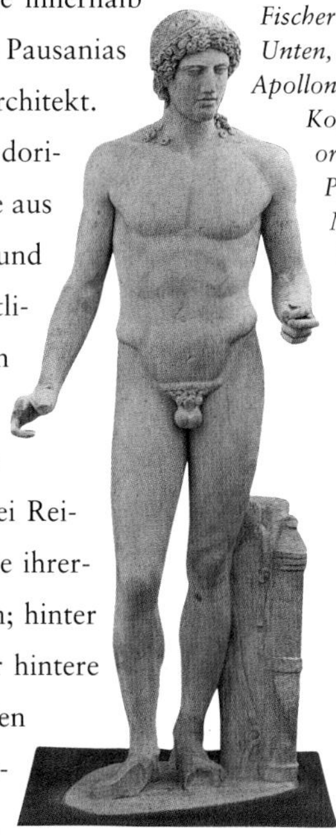

Oben, Zeusstatue von Olympia, Stich von Fischer v. Erlach, 1721. Unten, der »Kasseler Apollon«, römische Kopie des Bronzeoriginals von Phidias (Kassel, Museum Schloss Wilhelmshöhe).

Der große Zeustempel von Olympia wurde in der ersten Hälfte des 5. Jh. v. Chr. in dominanter Lage innerhalb der Grenzen des Heiligtums errichtet: Laut Pausanias (2. Jh. n. Chr.) war Libon von Elis der Architekt. Das zum Großteil aus Muschelkalk erbaute dorische Gebäude hatte eine Peristase (Ringhalle aus Säulen), mit 6 Säulen an den Schmalseiten und 13 Säulen an den Längsseiten. An der östlichen Seite gewährte eine Rampe Zugang zum Tempel. Der Vorhalle (der *Pronaos*) mit 2 Säulen vor den Anten des Eingangs folgte die Cella (der *Naos*), im Inneren durch zwei Reihen von je 7 dorischen Säulen unterteilt, die ihrerseits eine zweite Säulenreihe tragen mussten; hinter der Cella befand sich das Opisthodom (der hintere Raum des Tempels), ebenfalls mit zwei Säulen *in antis*. Die Cella dürfte die kolossale Kultstatue des Zeus beherbergt haben, die von

Rechts, Reste des Zeustempels von Olympia. Unten, Kopie aus dem 2. Jh. n. Chr. der berühmten chryselephantinen Athena von Phidias (Athen, Nationalmuseum).

Phidias (zwischen 490 und 485 v. Chr. in Athen geboren) geschaffen wurde, dem berühmten Bildhauer, der mit seiner Werkstatt und seinen Assistenten für den Skulpturenschmuck des Parthenon und seine Kultstatue verantwortlich war.

Phidias erschafft das »Wunder«

Ebenfalls Pausanias überliefert uns *(Reisen in Griechenland [Periegesis]*, V, 10,2), dass unter den Füßen der Statue eine Inschrift die Urheberschaft bezeugte: »Phidias, Charmides' Sohn, Athener, machte mich.« Phidias arbeitete wahrscheinlich von 432–431 v. Chr. in Olympia, als er Athen verlassen musste, weil er beschuldigt wurde, einen Teil des Goldes für die chryselephantine Statue (Goldelfenbeinstatue) der Athena Parthenos veruntreut zu haben. Durch ihn wollte man seinem Freund Perikles, dem politischen Urheber des großen Athens

Links, Porträtbüste des Perikles, römische Kopie eines griechischen Originals aus dem 5. Jh. v. Chr. (Rom, Vatikanische Museen). Unten, der Parthenon in Athen.

im 5. Jh. v. Chr., schaden. Bei den deutschen Ausgrabungen in Olympia wurde die Werkstatt entdeckt, in der der Bildhauer die große Kultstatue ausarbeitete, welche die nachfolgenden Jahrhunderte hindurch als eines der Weltwunder der Antike gefeiert wurde. Die Dimensionen der Werkstatt (welche Mitte des 5. Jh. n. Chr. in eine byzantinische Kirche umgewandelt wurde) dürften der Größe der Cella des Zeustempels entsprochen haben, an die Phidias, erst einige Jahrzehnte nach ihrem Bau, die Kultstatue anpassen musste. In der Werkstatt wurden diverse Belege für die Tätigkeit des Bildhauers aufgefunden, Arbeitsgeräte aus Bronze und Bein, Fragmente aus Elfenbein und Glaspaste, Tonformen, die für die Bearbeitung des Goldblechs verwendet worden sein könnten,

das an der Statue angebracht wurde, sowie ein *oinchòe* (Kännchen, um Wein einzugießen), auf dessen Boden eine eingeritzte Inschrift die Zugehörigkeit zu Phidias bezeugt (»Des Phidias [Eigentum] bin ich«). Die Kolossalstatue wurde also, wie die Statue der Athena Parthenos, in Gold und Elfenbein ausgeführt. Pausanias meint, es gebe nichts

Der Tempel nach den antiken Quellen

Die Beschreibung des Pausanias

Die detaillierteste Beschreibung der Zeusstatue unter den Überlieferungen antiker Autoren hat uns der Perieget (»Herumführer«) Pausanias hinterlassen: »Der Gott sitzt auf einem Thron und ist aus Gold und Elfenbein gemacht, und ein Kranz liegt auf seinem Haupt in Form von Ölbaumzweigen. In der Rechten trägt er eine Nike, ebenfalls aus Elfenbein und Gold, die ein Band hält und auf dem Kopfe einen Kranz hat. In der linken Hand des Gottes befindet sich ein Szepter, mit lauter Metalleinlagen verziert. Der Vogel, der auf dem Szepter sitzt, ist der Adler. Aus Gold sind auch die Sandalen des Gottes und sein Gewand ebenso; an dem Gewand sind Figuren und Lilien angebracht. Der Thron ist in abwechslungsreicher

Arbeit aus Gold und Steinen und Ebenholz und Elfenbein, und an ihm sind Figuren gemalt und Bildwerke angebracht. Vier Niken in der Gestalt von Tanzenden befinden sich an jedem Bein des Throns und zwei weitere am Fuß jedes Thronbeines. Über jedem der beiden vorderen Beine liegen thebanische Knaben, die von Sphingen geraubt werden, und unter den Sphingen töten Apollon und Artemis die Kinder der Niobe. Zwischen den Beinen des Thrones sind vier Leisten, die jede von einem Bein zum anderen reichen. An der Leiste geradeaus vom Eingang befinden sich sieben Figuren; von der achten von ihnen weiß man nicht, wie sie verschwunden ist. Das mögen wohl Darstellungen alter Kämpfe sein, denn die Knabenwettkämpfe gab es zur Zeit des Pheidias noch nicht. Derjenige, der sich selbst den Kopf mit einer Binde umwickelt, soll dem Pantarkes ähnlich sehen; der elische Knabe Pantarkes soll der Liebling des Pheidias gewesen sein. Pantarkes errang auch einen Sieg im Knabenringkampf an der 86. Olympiade. An den übrigen Leisten ist die Schar dargestellt, die mit Herakles gegen die Amazonen kämpft. Die Zahl beider ist gegen

Vergleichbares, das einen Eindruck des Götterbildes zu erwecken vermöge. Die überlieferten Dimensionen basieren ebenfalls auf antiken Aussagen sowie auf den Informationen, die man aus den Ausgrabungen im Inneren der Cella bezieht: Der Sockel bedeckte eine Fläche von mehr als 6 x 10 m, die Höhe der Statue musste 12 m übersteigen.

Auf der gegenüberliegenden Seite oben, Ruinen des Zeustempels von Olympia. Unten, eine Rekonstruktion der Zeusstatue. Diese Seite unten, Rekonstruktion des Tempels nach Larrinaga.

29, und auch Theseus befindet sich bei den Mitkämpfern des Herakles. Die Füße tragen aber nicht allein den Thron, sondern es stehen noch ebensoviel Säulen wie Füße zwischen den Füßen. Unter den Thron kann man nicht gelangen, wie wir in Amyklai ins Innere des Thrones kommen. In Olympia verhindern dies mauerartige Schranken. […] Am obersten Ende des Thrones hat Pheidias über dem Kopf der Statue auf der einen Seite Chariten, auf der anderen Horen angebracht, von beiden drei. Auch von ihnen heißt es im Epos, sie seien Töchter des Zeus. Homer hat in der Ilias von den Horen gedichtet, daß ihnen der Himmel anvertraut sei wie Wächtern eines Königshauses. Der Schemel unter den Füßen des Zeus, von den Leuten in Attika Thranion (Bank) genannt, hat goldene Löwen und den Kampf des Theseus gegen die Amazonen in Relief […]. An der Basis, die den Thron trägt, und was sonst noch an Ausschmückung um den Zeus ist, an dieser Basis sind goldene Figuren, Helios, der den Wagen besteigt, und Zeus und Hera […] und neben ihm Charis, an sie schließt sich Hermes an und an Hermes Hestia. Nach der Hestia folgt ein Eros, der die aus dem Meer aufsteigende Aphrodite empfängt, und Peitho bekränzt Aphrodite. Auch Apollon mit Artemis ist dargestellt und Athena und Herakles und am Ende der Basis Amphitrite und Poseidon und Selene, wie mir scheint, ein Pferd reitend. Einige behaupten, die Göttin reite ein Maultier und kein Pferd.«

Pausanias, Reisen in Griechenland (Periegesis),
Buch V, 11,1–8
Übersetzung von Ernst Meyer
Artemis Verlag, 1986/87

Rechts, Athena Parthenos (Rom, Museo Nazionale). Unten, Lekythos (Ölvase) von 440 v. Chr., auf weißem Grund bringt eine Figur an einem Grab Opfer dar, (Athen, Nationalmuseum). Auf der gegenüberliegenden Seite oben, Statue von Phidias auf dem Ostgiebel des Parthenons, nach traditioneller Interpretation handelt es sich um Klotho, eine der Parzen, aber viel wahrscheinlicher ist es Leto, die göttliche Mutter von Apollon und Artemis (London, British Museum). Unten, Querschnitt des Parthenons mit der Athenestatue von Phidias in einer Rekonstruktion von Louviot.

Eine aus wertvollen Materialien geformte Statue

Unter Wissenschaftlern hat man lange diskutiert, weshalb die Dimensionen von Cella und Kultstatue sich so schlecht miteinander vereinbaren ließen und so der Eindruck einer räumlichen Beschränkung entstand: Man hatte einst angenommen, dass Phidias den Zeus vor der Athene (d. h. noch in einer Experimentierphase) schuf, bei der nämlich das Zusammenspiel der Dimensionen von Cella und Kultstatue perfekt war. Die archäologischen Funde haben ergeben, dass der Zeus nach der Athena Parthenos geschaffen wurde. Vor Kurzem hat der Wissenschaftler Wilhelm Alzinger seine Aufmerksamkeit auf die unterschiedlichen Bedingungen gerichtet, unter denen der berühmte Bildhauer in Athen und Olympia arbeitete. Im ersteren Fall stand ihm Perikles ständig zur Seite, der für die Statue des Phidias einen neuen Tempel bauen und jedes Mittel für das Projekt der

Akropolis verwendete; in Olympia hingegen war der Tempel bereits in der Mitte des Jahrhunderts fertiggestellt und die Priesterklasse war weder willens noch ökonomisch in der Lage für einen Neubau, auf den Phidias vielleicht gehofft hatte. Phidias schuf also um ein hölzernes Gestell herum das große Bildnis des Gottes, das mit den Verzierungen des Throns auch ein reiches Repertoire der für die griechische Antike wichtigsten Mythen bot. Die unbekleideten Teile der Statue waren aus Elfenbein, während

Der größte Bildhauer des antiken Griechenlands

Phidias nach Plinius

Folgendes sagt Plinius über Phidias in einer Abhandlung über die statuarii insignes*:*

»Durch kleinere Standbilder und Bildwerke ist eine fast unzählbare Menge von Künstlern berühmt geworden, vor allem jedoch der Athener Pheidias; den Zeus von Olympia stellte er aus Gold und Elfenbein her, doch verfertigte er auch Bildwerke aus Bronze. Seine Blütezeit fällt aber in die 83. Olympiade, ungefähr in das Jahr 300 der Stadt Rom [...]. Pheidias schuf außer dem Zeus von Olympia, dem niemand den Rang streitig macht, aus Elfenbein und Gold eine Athene zu Athen, die im Parthenon steht, aus Bronze aber, außer der oben genannten Amazone, eine Athene von so außerordentlicher Schönheit, daß sie nach ihrer Gestalt den Beinamen ›die Schöne‹ erhielt. Er schuf auch eine Schlüsselträgerin (cliduchus) *und eine weitere Athene, die Paulus Aemilius zu Rom beim Tempel der Fortuna Huiusce Diei weihte; ferner schuf er zwei Bildwerke in griechischer Kleidung, die Catulus im selben Tempel weihte, und eine weitere, nackte Kolossalstatue.«*

C. Plinius Secundus d. Ä., *Naturkunde*, XXXIV, S. 49 u. S. 54
Übersetzt von Roderich König mit Karl Bayer
Artemis Verlag, 1989

Rechts, digitale Rekonstruktion des Zeustempels durch den zeitgenössischen amerikanischen Künstler Bill Munns.
Unten, marmorne Metope des Parthenons mit einer Szene der Kentauromachie (Kampf der Kentauren).

das *Himation* (Mantel) und alle Attribute mit Goldblech bedeckt gewesen sein mussten; Zeus trug eine Nike (Viktoria), auch diese aus Gold und Elfenbein, in der rechten Hand, und ein Zepter, auf dem der Adler ruhte, in der linken. Der Thron war mit Gold, Elfenbein, Ebenholz und Edelsteinen geschmückt; seine Beine waren mit tanzenden Siegesgöttinnen verziert, während die Armlehnen in Sphingen ausliefen, die thebanische Knaben packten. Die vier Leisten, die die Beine des Thrones verbanden, waren ebenfalls durch Reliefs verziert; das eine stellte Jünglinge im Wettkampf, das andere ein mythisches Thema dar. Dies ist eine Beschreibung der Statue, wie sie der Erzählung des Pausanias zu entnehmen ist, der auch weitere wichtige Daten für eine Rekonstruktion des Aussehens im Tempelinneren liefert.

Mythologischer Giebelschmuck für den Zeustempel

Die Goldelfenbeinstatue war durch *erymata*, mauerartige Schranken, vom Rest der Cella getrennt: Es dürfte sich um eine marmorne Brüstung gehandelt haben, die auf der Höhe des zweiten Säulenpaares den Zutritt bis zum Thron der Statue verwehrte. Pausanias sagt, dass diese Schranken der Mitarbeiter Panainos bemalt hat und berichtet von 9 Szenen, die eine paarweise Anordnung auf der Innenseite vor der Statue und zu ihren Seiten vermuten lassen. Der nach außen gewandte Teil war laut Pausanias nur blau gestrichen, während die von Panainos gemalten Szenen die Episoden von Herakles und Atlas darstellten, von Theseus und Peirithoos, König der Lapithen, weiters die Personifizierungen von Griechenland und Salamis (mit der Erinnerung an den Sieg über die Perser 480 v. Chr.), den Kampf des Herakles mit dem nemeischen Löwen, Aias, der an Kassandra eine Untat begeht, Hippodameia, Tochter des Oinomaos mit ihrer Mutter (also Bezug auf die lokale Sage), den gefesselten Prometheus mit seinem Befreier Herakles, die Amazonenkönigin Penthesilea, die in den Armen Achills stirbt, und die Hesperiden, die die Äpfel bringen. Die Dekoration von Statue und Paneelen hatte also eine Reihe an

Unten, Rekonstruktion der Statue des Phidias von 1817, die auf der Beschreibung des Pausanias basiert, von Leopoldo Cicognara (1767–1834).

Rechts, Westgiebel des Zeustempels von Olympia, hier wird der Kampf zwischen Kentauren und Lapithen dargestellt.

© Corbis / Grazia Neri

Bezügen, sie korrespondierte mit dem Skulpturenschmuck des Tempels, auf dessen Metopen die Aufgaben des Herakles und auf dessen Ostgiebeln die Vorbereitungen für das entscheidende Wagenrennen zwischen Pelops und Oinomaos dargestellt waren (ein lokaler Mythos, auf dem die Gründung der Olympischen Spiele basiert) sowie auf dem Westgiebel das gewaltsame Aufeinanderprallen von Kentauren und Lapithen. Pausanias informiert uns auch darüber, dass der Boden vor der Statue aus dunklem Stein war, der von einer Umrandung aus weißem parischen Marmor gesäumt war, die dazu diente, das Öl aufzufangen, das für die Konservierung der Statue diente. In Olympia konnte nämlich die hohe Feuchtigkeit die Figur schädigen (im Unterschied zur Akropolis in

© Corbis / Grazia Neri

Unten, der Ostgiebel, thematisiert ist der Moment der Vorbereitung auf das Wagenrennen zwischen Pelops und Oinomaos, ein lokaler Mythos, auf dem die Gründung der Olympischen Spiele basiert.

Athen, wo das Problem wiederum in der übermäßigen Trockenheit lag). Pausanias sagt, es sei die Aufgabe der Nachkommen des Phidias gewesen, sich um die Konservierung der Statue zu kümmern. Dies waren die *faidryntai* (»Polierer«), ihr Haus dürfte sich unweit der Werkstatt von Phidias befunden haben. Von der Empfindlichkeit der Statue zeugt die Tatsache, dass in der ersten Hälfte des 2. Jh. v. Chr. Damophon von Messene das Werk restaurierte.

Die Übersiedlung der Statue und ihre Zerstörung

Die Berühmtheit des chryselephantinen Zeus hielt über die Jahrhunderte an: Gleich nach der Restaurierung wurde sie von dem römischen General Paulus Aemilius

Rechts, auf einem Stich die Rekonstruktion der Fassade des Zeustempels.

168 v. Chr. besichtigt und in claudischer Zeit versuchte Kaiser Caligula (34–41 n. Chr.) vergeblich, das Werk nach Rom zu transportieren. Sueton erzählt tatsächlich in der Biografie des Imperators (*De vita Caesarum*, IV, 22,1), dass Caligula darüber nachdachte, aus Griechenland die berühmtesten Götterstatuen zu holen, um deren göttliche Häupter durch das eigene zu ersetzen. Bezüglich der Vorzeichen, die den nahen Tod des Kaisers ankündigten, erwähnt Sueton, dass die Zeusstatue plötzlich zu lachen begonnen habe. Erst am Ende des 4. Jh. n. Chr. wurde die Statue von ihrem Sessel entfernt und nach Konstantinopel transportiert: Hier fand sie nach der Überlieferung des byzantinischen Geschichtsschreibers Georgios Kedrenos – wahrscheinlich ein Mönch, der zu Beginn des 12. Jh. n. Chr. lebte – zusammen mit anderen Meisterwerken Platz in der Sammlung des Lausos, der 420 n. Chr. *praepositus sacri cubiculi* (kaiserlicher Kämmerer) war und Widmungsempfänger der *Historia Lausiaca*, eines geistlichen Textes, der um 419–420 v. Chr. von Palladius verfasst wurde.

Unten, Statue des Caligula aus dem 1. Jh. n. Chr. (Neapel, Museo Archeologico Nazionale).
Unten, Stich von Konstantinopel.

Die byzantinische Quelle ist von vielen Wissenschaftlern in Zweifel gezogen worden und man dachte, dass die Liste von Kedrenos eine Erfindung sei, ebenso wie der Lausospalast. Kürzlich wurde die Frage in der Forschung wieder aufgegriffen und man hielt das späte Zeugnis für zuverlässig, auch wenn es offensichtliche Fehler hat. In Konstantinopel wurden außerdem in der Umgebung des Hippodroms, nahe der Kirche St. Euphemia, Reste einer Rotunde und eine lange, mit ihr verbundene Treppe zutage gefördert, bei denen es sich um den Lausospalast handeln könnte. Lausos hatte – zwischen dem 4. und 5. Jh., als das sich ausbreitende Christentum grausam gegen heidnische Tempel und Bildnisse wütete – keine Probleme, auch dank seiner öffentlichen Position, eine Art Privatsammlung antiker Schätze zu erwerben und zusammenzustellen. Der Usus, Sammlungen zu bilden, ist übrigens für die römische Welt gut dokumentiert; in Konstantinopel z. B. waren die Thermen des Zeuxippos (konstantinische Zeit) mit Statuen geschmückt. Die Sitzfigur des Olympischen Zeus mit ihren enormen Dimensionen dürfte das zentrale Exponat in der Ausstellung des Lausos gewesen sein, in der sich, Kedrenos zufolge, Exponate wie der Kairòs und der

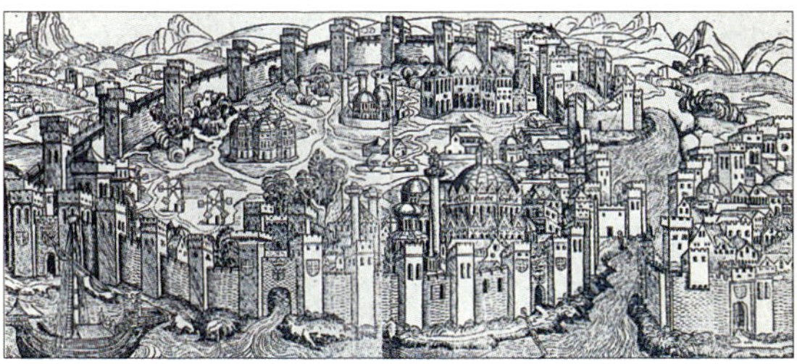

Rechts, Rekonstruktion der Zeusstatue aus dem 19. Jh.

Eros des Lysippos und die knidische Aphrodite von Praxiteles befanden. Laut Michael Vickers, der sich mit dem Thema befasste, wird die Zeusstatue keine goldene Verkleidung mehr besessen haben, da diese wahrscheinlich bereits in konstantinischer Zeit gestohlen wurde. Aufgrund ihrer Zeit im Lausospalast hat die Statue auch in der christlichen Ikonografie ihre Spuren hinterlassen, wie durch die Forschung belegt wurde. Der Zeus könnte bei Lausos, der weltoffen und von der klassischen Welt fasziniert, aber auch gläubiger Christ war, durchaus bis zu seiner Zerstörung durch einen Brand im Jahre 475 n. Chr. erhalten geblieben sein.

Die tausend Gesichter des Herrschers über den Olymp

Die Darstellung des Zeus

»Sprachs, und es beugte gesenkt die dunklen Brauen Kronion, und das heilige Haar des Herrschers flutete nieder von dem unsterblichen Haupt, und die Höhn des Olympos erbebten.« (Homer, Ilias, *I, 528–530, dt. v. Th. v. Scheffer, Leipzig 1938). Mit diesen homerischen Versen soll Phidias, nach Strabons Überlieferung (*Geografika, *VIII, 3,30), die auch von anderen Autoren aufgenommen wurde, dem Panainos die Zeusstatue beschrieben haben: Ein zorniger Zeus, Bestrafer der Menschen, der ikonografisch seine Entsprechung im stehenden Zeus findet, im Akt des Blitzeschleuderns. Aber die Statue, die Phidias erschafft, präsentiert das andere Gesicht des Zeus, jenes des gerechten Göttervaters, Herrn und Beschützers der Menschen,*

Von der großen Goldelfenbeinstatue ist keine Kopie erhalten: Unsere Kenntnis heute stützt sich auf die reichlichen Zitate in den klassischen Quellen und auf die Reproduktionen, die von der Statue auf elischen Münzen der Hadrianzeit gemacht wurden – die einzige wirkliche materielle Erinnerungen an die Schöpfung des Phidias, die, wenn auch nur in der schematisierten Darstellung der Prägung, die vom Periegeten Pausanias hinterlassene Beschreibung bestätigen.

Unten, römische Kopie des Apoxyomenos von Lysippos.

der Gott Meilichios (wohlwollend), der mit Zepter und Nike auf dem Thron sitzend dargestellt ist. Der chryselephantine Zeus stellt so das Pendant jenes Zeus dar, der in der Mitte des Ostgiebels abgebildet ist, der Herr der Geschicke von Pelops und Oinomaos und damit der Olympischen Wettkämpfe, die zu seinen Ehren in Olympia abgehalten wurden. Er ist der Gott, den Dion von Prusa 97 n. Chr. in seiner Olympischen Rede beschreibt, die er vielleicht genau in Olympia beim Zeustempel hielt, und in der er, in religiöser Inspiration und mit künstlerischem Gefühl, die Qualitäten aufzählt, die Phidias hätte darstellen wollen, und die Entscheidungen des großen Bildhauers in einer großangelegten Verherrlichung rechtfertigt.

Der Artemistempel von Ephesos

- Der Bau des Tempels und die Schwierigkeiten mit der Umgebung
- Die reiche Dekoration und der Beitrag des Königs Krösus
- Der Brand des Tempels und sein Wiederaufbau

- Vom neuralgischen Zentrum zum Ruinenhaufen
- Der Artemismythos und seine Ikonografie

Erst in der zweiten Hälfte des 19. Jh. brachten Ausgrabungen die Ruinen des Artemistempels ans Tageslicht. Ein Tempel mit einer leidvollen Geschichte: 560 v. Chr. erbaut, wurde er 356 v. Chr. vorsätzlich zerstört, aber sofort von den Einwohnern von Ephesos, die ihn als soziales und wirtschaftliches »Ballungszentrum« ihrer Stadt betrachteten, wieder aufgebaut. Auch die berühmtesten Künstler Griechenlands – zunächst Phidias und Polykleitos, dann Praxiteles und Skopas – beteiligten sich mit ihren Skulpturen daran, um Ephesos noch wertvoller zu machen. Die Invasionen der Barbaren und der Niedergang der heidnischen Riten besiegelten das Schicksal des Artemisions, *das, laut Plinius, »zu echter Bewunderung griechischer Prachtliebe« angeregt hatte.*

Oben, Artemistempel in Ephesus, Stich von Fischer von Erlach, 1721.
Unten, Säulenbasis aus dem Artemision *mit einer Szene aus dem Alkestis-Mythos (London, British Museum).*

Pausanias spricht in seinen *Reisen durch Griechenland* (*Periegesis*, IV, 31,8) folgendermaßen über die ionische Stadt Ephesos:

> *»Drei weitere Umstände tragen noch zum Ruhme bei: Die Größe des Tempels, der alles, was Menschen erbaut haben, übertrifft, ferner die Blüte der Stadt Ephesos und die Macht der Göttin.«*

Bis zur Kaiserzeit war Ephesos eine der aktivsten und frequentiertesten Städte der Antike, und ihr berühmtes Heiligtum muss wohl einer ihrer Hauptanziehungspunkte gewesen sein. Die nunmehr über hundertjährigen Ausgrabungen an dem Ort, wo einst das große Heiligtum von Ephesos stand, ermöglichten das Sammeln wichtiger Daten über seinen Aufbau, die architektonische Verzierung sowie Bau- und Wiederaufbauphasen, auch wenn einige Fragen noch offen sind. Zahlreich sind auch die Zeugnisse der antiken Quellen, die in einigen Fällen exakte Daten über den Bau lieferten, die durch

Rechts, Via Arcadiana in Ephesos, die den Hafen mit dem Theater verbindet und dabei etwa 500 m misst. Unten, Rekonstruktion des Artemisions *nach Larrinaga.*

die Forschung bestätigt wurden. Der erste Forscher vor Ort war der Brite John Turtle Wood, der zwischen 1863 und 1869 die beiden aufeinanderfolgenden Marmortempel entdeckte. Nach einer ersten Phase, in der Wood seine Untersuchungen selbst finanzierte, beschloss man im British Museum, sich die finanzielle Last der Ausgrabungen

Der wertvolle Beitrag des römischen Autors

Die Beschreibung durch Plinius

»Zu echter Bewunderung griechischer Prachtliebe besteht noch der Tempel der Artemis zu Ephesos, an dem ganz Kleinasien 120 Jahre lang gebaut hat. Er wurde auf sumpfigem Boden errichtet, damit er Erdbeben nicht zu spüren und Erdrisse nicht zu fürchten habe; damit aber wiederum die Fundamente für eine solche Masse nicht auf schlüpfrigem und unsicherem Boden gelegt würden, bereitete man eine Unterlage aus zerstampften Kohlen und legte darüber Felle mitsamt ihrer Wolle. Der gesamte Tempel ist 425 Fuß lang, 225 Fuß breit; er hat 127 Säulen, jede von einem anderen König errichtet und 60 Fuß hoch; 36 von ihnen sind mit Bildhauerarbeit verziert, eine von der Hand des Skopas. Die Bauleitung hatte der Architekt Chersiphron inne. Das größte Wunder dabei ist, daß Architrave von solcher Masse [überhaupt] emporgehoben werden konnten. Er erreichte es, indem er Tragkörbe mit Sand füllte, sie auf einer sanft ansteigenden Rampe bis über die Kapitelle der Säulen aufhäufte und dann die untersten Körbe allmählich entleerte, so daß sich [jedes] Werkstück nach und

Unten, eine weitere Rekonstruktion des Artemistempels.

doch aufzubürden; der Archäologe David G. Hogarth (1862–1927) forschte im Inneren des Tempels und entdeckte dabei, dass es schon ältere Heiligtümer vor den Tempeln aus dem 6. und 4. Jh. v. Chr. gab. Seit 1965 arbeitet das Österreichische Archäologische Institut im Bereich des *Artemision*s: Die gezielte Tätigkeit hat es auch ermöglicht, die älteren kulturellen Aspekte der Nutzung zu definieren; Materialien aus der mykenischen Zeit (14. Jh. v. Chr.) wurden freigegeben.

Der Bau des Tempels und die Schwierigkeiten mit der Umgebung

Das älteste *Artemision* wurde 560 v. Chr. in einem Gebiet errichtet, in dem es bereits ältere heilige Bauten gab, die wegen des Tempels unvollendet geblieben sein dürften.

nach an seine [richtige] Stelle setzte. Am schwierigsten gestaltete sich dies an der Schwelle selbst, die er über die Tür legte; dies war nämlich der größte Block, und er wollte sich nicht in sein Lager senken, so daß der Künstler in Angst geriet und nahe daran war, sich das Leben zu nehmen. Als er im Nachdenken darüber ermüdete, soll ihm zu nächtlicher Zeit die Göttin, für die der Tempel gebaut wurde, im Schlafe erschienen sein und ihn ermahnt haben, am Leben zu bleiben: sie habe den Stein zurechtgerückt. Und so wurde es am nächsten Morgen sichtbar; durch sein Eigengewicht schien [der Stein] sich in die rechte Lage gebracht zu haben. Die übrige Ausschmückung dieses Gebäudes zu schildern, gäbe Stoff für mehrere Bücher, doch hat dies nichts mit der Natur als Vorbild zu tun.«

C. Plinius Secundus d. Ä.,
Naturkunde, *XXXVI, 95*
Übersetzt von Roderich König mit Joachim Hopp
Artemis Verlag, 1989

Unten, die Homepage des Österreichischen Archäologischen Instituts, das seit vielen Jahren bei den Ausgrabungen des Tempels aktiv ist.

Dieser Tempel sollte in der Entwicklung der griechischen Architektur einen entscheidenden Punkt markieren, was den Einsatz von Menschen und Technik beim Bau, die Großartigkeit von Dimensionen und Dekoration, und die Verwendung von Marmor betraf. Wie die beinahe gleichzeitig erbauten Tempel des Apollon in Didyma bei Milet und der Hera in Samos, war auch der Artemistempel ein Dipteros, d. h. von einer doppelten Säulenreihe umgeben; er umfasste eine Fläche von 60 x 103 m. Eines der ersten Probleme, das die Architekten bewältigen mussten, war das sumpfige Terrain; Diogenes Laertius (Mitte 3. Jh. n. Chr., *Leben und Lehre der Philosophen*, II, 103) berichtet,

Die Vorgänger aus dem 8. Jh. bis zum Beginn des 6. Jh. v. Chr.

Die Ursprünge des *Artemisions*

Die ununterbrochen vom Österreichischen Archäologischen Institut durchgeführten Forschungen haben die Kenntnisse über die älteren Perioden von Ephesos beträchtlich bereichert, v. a. hinsichtlich des Gebiets, in dem das große archaische Artemision *entstand, sowie hinsichtlich seines Wiederaufbaus im 4. Jh. v. Chr. So ließen sich die bereits von Hogarth zu Beginn des 20. Jh. im Bereich des inneren Hofs des Heiligtums entdeckten*

Strukturen besser absehen (er nahm an, 3 verschiedene Tempel gefunden zu haben, die er mit den Buchstaben A, B und C bezeichnete). Aufgrund des Auftauchens von Keramik aus mittelgeometrischer Zeit wurde der Peripteros *in die 2. Hälfte des 8. Jh. v. Chr. datiert; er bestand aus einem Säulengang aus 4 Säulen an der Front und 6 Säulen an den Seiten (13,5 x 6,5 m) und umgab eine Cella, in der*

Links, weibliche Figur auf einem Säulenfragment des Apollontempels in Didyma aus der 2. Hälfte des 6. Jh. v. Chr. (Berlin, Staatliche Museen).

dass Theodoros hierher berufen worden sei, ein Architekt, der bereits beim Bau des *Heraion* in Samos beschäftigt war und vorschlug, als Basis der Fundamente Holzkohle und Asche zu legen, was bei den Ausgrabungen bestätigt wurde. Die Fundamente bestanden aus Schieferblöcken: Marmor wurde bei Fundamenten nur verwendet, wenn es sich um wiederverwendete Platten handelte, in diesem Fall waren dies einige Stücke des *Hekatompedos*, einer Anlage

ihrerseits eine rechteckige Basis mit 6 Säulen Platz fand, die eine Art Baldachin gebildet haben dürften. Das Auffinden eines kleinen Schatzes mit vielen Fragmenten aus Bernstein ließ an die Verzierungen einer hölzernen Kultstatue (Xoanon) *denken, die der Baldachin wahrscheinlich beherbergte. Diesem Bau muss jedoch ein noch älterer vorangegangen sein, wie das höhere Alter der Säulen im Vergleich zur Anlage der Cella des* Peripteros *zeigt, was aber noch nicht genauer definierbar ist. Schließlich folgten der Tempel C, eine rechteckige Konstruktion von 33,30 x 16,35 m, und der* Hekatompedos, *der auf der Westseite des nachfolgenden* Artemisions *lag und über den verschiedene Hypothesen aufgestellt wurden. Man dachte an einen Altar, aber angesichts seiner Vorzeitigkeit kann er nicht als Altar des nachfolgenden archaischen Tempels angesehen werden; darüber hinaus erscheint er zu weit entfernt (etwa 50 m) und zu groß, um für den Tempel C eine Funktion erfüllen zu können (beide Strukturen haben fast identische Maße).*
Im Hekatompedos *wurde außerdem zum ersten Mal Marmor verwendet. Beide, der Tempel C und der* Hekatompedos, *scheinen jedenfalls unvollendet geblieben zu sein, als man sich entschloss, den Bau des* Artemisions *in Angriff zu nehmen.*

Unten, Hera von Samos, 560–550 v. Chr., entsteht etwa zur gleichen Zeit wie der Artemistempel (Samos, Archäologisches Museum).

von 34,40 m Länge, was ca. 100 ionischen Fuß entsprach, worauf sich auch der Name bezieht; auf diesen ruhten die marmornen Platten des Stylobat (Säulenbasis). Der Marmor für das *Artemision* kam aus den Steinbrüchen von Belevi (Anatolien). Der Tempel dürfte 8 Säulen an der Front und wahrscheinlich 9 an der Rückseite gehabt haben, die Längsseiten mussten 21 Säulen zählen; man nahm an, dass der Tempel insgesamt 106 Säulen aufwies, was in der Antike großen Eindruck machte.

Die reiche Dekoration und der Beitrag des Königs Krösus

Das Innere, das laut den österreichischen Wissenschaftlern nach oben hin offen war, bildete den *Sekós*, den heiligen Bereich, in dem der ältere Tempel mit dem vorhergehenden *Peripteros* verbaut worden sein dürfte, der nun dazu bestimmt war, die neue Kultstatue, ein Werk des Bildhauers Endoios, zu empfangen. Was zu dem großen Ansehen des Tempels beitrug, war neben der Größe seine reiche Dekoration. Die marmornen Säulen, die besonders schlank und exakt kanneliert waren und in ionischen Kapitellen mündeten, waren über 18 m hoch: Sie hielten das enorme Gewicht der Dachziegel, die zum Großteil ebenfalls aus Marmor waren. Bei den britischen Ausgrabungen waren viele reliefgeschmückte Säulentrommeln und Kuben zum Vorschein gekommen; es handelt sich um die berühmten *Columnae caelatae* (die reliefierten Säulen, die für das *Artemision* typisch sind), von denen Plinius berichtet (*Naturalis Historia*, XXXVI, 95): Man hat angenommen, dass die Säulen unten skulptierte Trommeln hatten, die ihrerseits auf den Kuben standen; es gab auch die Hypothese, dass sich die Trommeln oben, unterhalb der Kapitelle, befunden hätten. Die Fragmente der Trom-

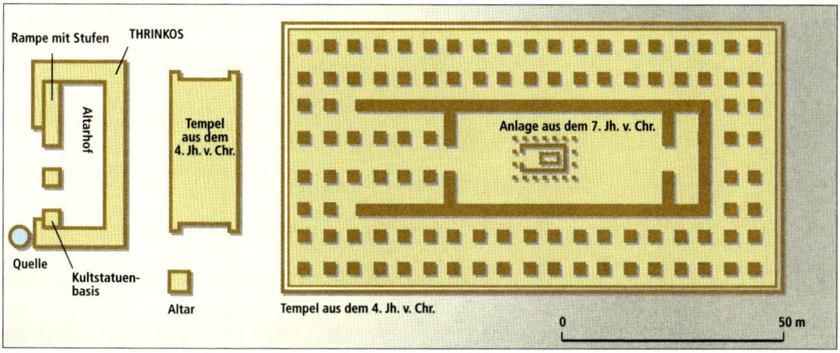

meln und die noch lesbaren Kuben lassen Prozessionsszenen mit Menschen, Tieren und Gefäßen mit Opfergaben erkennen. Skulptierte Kuben und Säulen schmückten wohl die beiden Tempelfronten. Auch dürfte die Sima (Traufleiste, die das Gebälk der Gebäude an den Fronten und an den Seiten krönte) der Peristase ebenfalls verziert gewesen sein, und zwar innen wie außen, wie Anton Bammer und Ulrike Muss es aufgrund der unterschiedlichen Höhe der Fragmente vorschlagen: Ein langer Fries verlief alle vier Seiten entlang, mit unterschiedlichen Motiven, nur durch die löwenköpfigen Wasserspeier unterbrochen. Die antiken Autoren überliefern neben Theodoros auch den Namen eines weiteren Architekten dieses kolossalen Tempels – Chersiphron; Vitruv (römischer Verfasser von Abhandlungen, wahrscheinlich zu augusteischer Zeit) fügt auch den Namen von Metagenes, Sohn des Chersiphron (*De architectura*, VII,

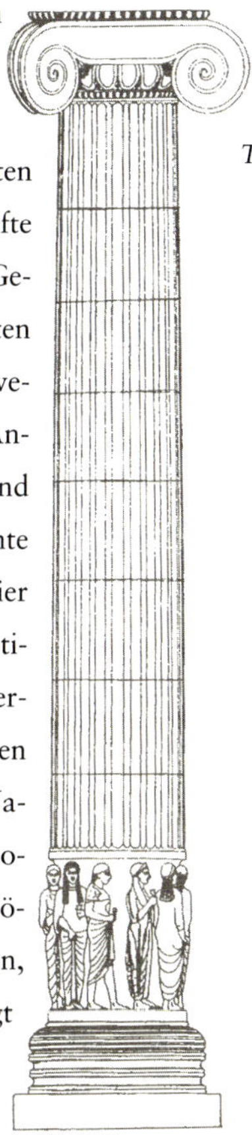

Oben, Grundriss des Artemisions. Links, Rekonstruktion einer der Säulen des Tempels.

Unten, Stich von Luigi Mayer (1755–1803) mit einer Darstellung der Ruinen von Ephesos.

Vorw., 16), hinzu. Zu seiner Errichtung trug Krösus, König von Lydien bei, wie epigrafische Funde und die Aussage von Herodot belegen (in seinen *Historien,* I, 92, als er von den Weihegaben des Krösus spricht: »Es gibt in Hellas noch viele andere Weihegeschenke ...; in Ephesos sind die goldnen Kühe und die meisten Säulen von ihm«); sein Name wurde mit griechischen und lydischen Buchstaben in die Säulenwulste eingraviert. Dem lydischen König ist wahrscheinlich sogar ein umfassenderer politischer Plan zuzuschreiben, der einen seiner Eckpfeiler in der Errichtung des großen Artemistempels hatte, wie der historischen Rekonstruktion von Bammer und Muss in der dem *Artemision* gewidmeten Monografie zu entnehmen ist. Tatsächlich sollte an die Stelle älterer Kulte der Gegend, die noch jeweils Identifikationsmerkmale der Clanverbände waren, der gemeinsame und alle vereinende Artemiskult treten, für dessen Förderung sich Krösus einsetzte.

Der Brand des Tempels und sein Wiederaufbau

Um 500 v. Chr. wurde im Westen des Tempels in U-Form der Altar errichtet, der an drei Seiten einen im Westen offenen Hof begrenzte *(Thrinkós)*. Das erste *Artemision*

Links, der Artemistempel nach Bill Munns.
Unten, Alexander der Große auf einer Kamee aus hellenistischer Zeit.

wurde 356 v. Chr. zerstört, als ein gewisser Herostratos es in einem verheerenden Brand auflodern ließ: Die archäologischen Untersuchungen bestätigten die Quellen, da viele Säulentrommeln, Kuben und Fragmente der Sima (die längs der äußersten Dachkante, oft in der Funktion einer Traufe verlaufende Verkleidungsleiste) deutliche Brandspuren tragen. Von Plutarch und Cicero wurde das Zusammenfallen der dramatischen Episode des Herostratos mit der Geburt Alexanders des Großen hervorgehoben, v. a. Cicero bestätigt das (*Vom Wesen der Götter*, II, 69):

»Timaios, der in seinem Geschichtswerk berichtet, daß der Tempel der Artemis in Ephesos in derselben Nacht abgebrannt sei, in der Alexander geboren wurde, hat witzig, wie so oft, beigefügt, dieses Zusammentreffen sei keineswegs erstaunlich gewesen, da ja in jener Nacht Artemis ihrem Hause fern gewesen sei, weil sie der Olympias bei ihrer Niederkunft habe beistehen wollen.«

Alexander der Große soll seine Hilfe für die Ausgaben des Wiederaufbaus angeboten haben, im Gegenzug für eine Ruhmesinschrift; die Bürger von Ephesos wiesen das Angebot höflich zurück, mit der Erklärung, sie hielten es

Oben, Silberdinar von Hadrian aus dem Jahr 117 n. Chr. mit der Darstellung des Artemistempels (Wien, Kunsthistorisches Museum).
Unten, Kopf der knidischen Aphrodite von Praxiteles (Rom, Kapitolinische Museen). Die Skulptur ist eine der zahlreichen Kopien des Meisterwerkes des Athener Bildhauers.(4. Jh. v. Chr.)

nicht für richtig, dass ein Gott dem anderen ein Geschenk darbrächte. Der Tempel wurde, beinahe identisch mit dem Vorgängerbau, wieder aufgebaut, auf Kosten der Bürger von Ephesos (v. a. die Frauen waren in den Kult der Göttin eingebunden); ebenfalls Strabon überliefert zudem Cheirokrates als Architekt dieses Wiederaufbaus, während Vitruv Paionios und Demetrios erwähnt. Wie die archäologischen Untersuchungen bezeugen, ahmte der zweite Tempel den Vorgängerbau getreu nach, wenn auch mit einigen Änderungen: Seine Dimensionen betrugen 125 x 72 m; die hohe Plattform, auf der er stand, war wahrscheinlich durch das Ansteigen des Meeresspiegels bedingt. Das Innere der Cella, auch hier unter freiem Himmel, hatte Stufen, die zum alten *Artemision* hinabführten; ein Opisthodom bildete die Rückseite der Cella. Ebenfalls im 4. Jh. v. Chr. wurde auch der Altar modifiziert, der nun wahrscheinlich einen Säulengang mit Figuren in den Säulenzwischenräumen hatte.

Auch im zweiten *Artemision* der spätklassischen Zeit war der Skulpturenschmuck reich: Während es anscheinend keinen figuralen Fries gab, sondern eine Abfolge von löwenköpfigen Dachtraufen und Akanthusbüscheln, wiesen die *Columnae caelatae* Darstellungen von Szenen auf, die mit dem Kult zusammenhingen. Ein Fragment einer skulpierten Säulentrommel, das noch gut lesbar und heute im British Museum aufbewahrt ist, spiegelt die großen Meister der plastischen Kunst im 4. Jh. v. Chr. wider: Hier erkennt man noch eine Hermesfigur mit gesenktem Hermesstab, einen geflügelten Eros

und im Zentrum eine weibliche Figur mit *Chiton* (leichtes, von der griechischen Frau getragenes Kleid) und *Hymation* (Mantel, der bei den verheirateten Frauen oft über den Kopf geht). Die aktive Präsenz der bekanntesten Bildhauer des 5. und 4. Jh. v. Chr. ist in Ephesos ebenfalls gut dokumentiert. In der 2. Hälfte des 5. Jh. v. Chr. wurde in Ephesos ein Wettbewerb für die Darstellung einer verwundeten Amazone als Bronzestatue ausgeschrieben, wie uns Plinius berichtet: Daran nahmen Phidias, Polykleitos, Kresilas und Phradmon teil. Plinius überliefert Polykleitos als Sieger, es dürften jedoch in jedem Fall alle vier Werke auf dem Giebel des Artemistempels angebracht gewesen sein.

Unten, Ruinen des Artemistempels von Ephesos.

Vom neuralgischen Zentrum zum Ruinenhaufen

© Corbis / Grazia Neri

Im 4. Jh. v. Chr. waren Praxiteles und Skopas mit dem *Artemision* beschäftigt: Ersterer wurde berufen, um Statuen für den Altar des Tempels anzufertigen; Skopas kümmerte sich laut Plinius um die Dekoration einer Säule und es ist wahrscheinlich, dass der Bildhauer und seine Werkstatt mit der Herstellung eines Teils der Säulen des zweiten *Artemisions* befasst waren. Das Heiligtum der Artemis hatte über die Jahrhunderte vielfache Funktionen: So war es auch ein Zufluchtsort und es gibt viele Zeugnisse über berühmte Persönlichkeiten, die in seinem Inneren Asylrecht suchten. Um es herum spielte sich das Leben der Leute aus dem Volk und der Besucher ab. Die Ankunft des Apostels Paulus im 1. Jh. n. Chr. und seine Predigten erregten Aufruhr bei den Bürgern, wie die *Apostelakte* bezeugen: Es standen nicht nur die mit dem *Artemision* verbundenen »Handelsaktivitäten« auf dem Spiel, sondern der Tempel selbst war in Gefahr, sein

Plinius als Quelle

Wettbewerb

Plinius dokumentiert die Realisierung der bronzenen Amazonenstatuen: »Auch die berühmtesten Künstler kamen, obgleich sie zu verschiedenen Zeiten geboren waren, miteinander in Wettstreit, da alle [Statuen der] Amazonen geschaffen hatten; als diese im Tempel der Artemis zu Ephesos geweiht wurden, beschloß man, die schönste von ihnen durch das Urteil der anwesenden Künstler selbst auswählen zu lassen; dabei wurde es offenbar, daß es diejenige war, die alle ohne Unterschied nach ihrer eigenen als die zweitbeste beurteilt hatten. Es war die des Polykleitos, die nächstfolgende die des Pheidias, an dritter Stelle stand die des Kresilas, an vierter die des Kydon und an fünfter die des Phradmon.«

C. Plinius Secundus d. Ä., *Naturkunde*, XXXIV, 53
Übersetzt von Roderich König mit Karl Bayer
Artemis Verlag, 1989

Ansehen zu verlieren, und damit auch die Göttin der Bürger von Ephesos. Trotz der sozialen Unruhen in spätrepublikanischer Zeit und des wahrscheinlichen Vordringens des Meeresbettes blieb der Tempel, auch dank der Restaurierungsarbeiten, die unter den römischen Kaisern Augustus (27 v. Chr.–14 n. Chr.) und Titus (79–81 n. Chr.) dokumentiert sind, bis zum 3. Jh. n. Chr. erhalten, bis er 263 n. Chr. von den Ostgoten zerstört wurde. Seine totale Vernichtung erfolgte im Laufe des 5. Jh. n. Chr., als es keine heidnischen Kulte mehr gab und die Reste des Tempels abmontiert und in der Johannesbasilika wiederverwendet wurden; in das *Artemision* selbst wurde eine frühbyzantinische Kirche von beträchtlicher Größe hineingebaut, in der viel Spolienmaterial verwendet wurde.

Unsere Kenntnis beruht auf 3 Aspekten: Den zahlreichen antiken Zeugnissen, auch wenn sie sehr allgemein gehalten sind; den Daten, die weiterhin dank der schwierigen Arbeit der österreichischen Archäologen – die Stelle, an der der Artemistempel stand, ist heute sumpfig – zutage treten und die antiken Zeugnisse genauer bestimmen werden; und schließlich auf einigen Münzen, auf denen die großen Tempel abgebildet sind. Auch für das *Artemision* existieren, ebenso wie für die Zeusstatue in Olympia oder

für den Leuchtturm von Alexandria, Münzprägungen aus der römischen Kaiserzeit, die die Erinnerung an dieses Wunder bewahren. Die Münzen, die offensichtlich den zweiten, d. h. den spätklassischen Tempel reproduzieren, zeigen sowohl die Tempelfront als auch die Artemisstatue. Auf einigen Prägungen wurde die Front zu 4 einzelnen Säulen vereinfacht (statt der 8, die existiert haben müssen), aber im Giebelfeld sind deutlich 3 Öffnungen und 4 Statuen erkennbar; die Säulen zeigen die typischen ionischen Kapitelle sowie den unteren Reliefschmuck (Prägung des Maximus, 235–238 n. Chr.), und der Tempel erhebt sich über einem breiten Stufenpodest.

Auf der gegenüberliegenden Seite, ein weiterer Stich von Mayer, den Ruinen des Artemisions *gewidmet. Oben, Eustache Le Sueur (1616/17–1655),* Der Apostel Paulus beim Predigen in Ephesos *(London, National Gallery). Unten, Kamee mit einer Profildarstellung des Augustus.*

Der Arthemismythos und seine Ikonografie

Auf der Grundlage solcher Münzprägungen nahm die Wissenschaftlerin Blumia Trell (1903–1979) an, dass der spätklassische Tempel an der Front 3 Fenster hatte, die eng mit dem Göttinnenkult zusammenhingen. Die Anwesenheit einer Gorgo in der Mitte des Giebels, wie es bei den archaischen dorischen Tempeln üblich war, ist nicht zu bestätigen. Sicher dürfte sich aber auch nach der Zerstörung des Tempels der Kult der Göttin gehalten haben, ein Kult, der sich übrigens seit seinen Anfängen als synkretistisch erwies: In der Artemis von Ephesos konnten verschiedene Gottheiten, die mit der Verehrung der Natur in Verbindung standen, identifiziert werden, was die Votivgaben zeigen, die in den Ausgrabungen gefunden wurden. Aber wie sah eigentlich diese Gottheit aus, die so sehr mit dem Schicksal des Heiligtums verbunden war?

Unten, Statue aus römischer Zeit, Artemis von Ephesos, die »vielbrüstige Göttin« (Rom, Kapitolinische Museen).

Die Artemisstatue ist uns aus verschiedenen Kopien der späthellenistischen und römischen Zeit bekannt, die die stehende Göttin zeigen, den unteren Teil des Körpers einem Pilaster ähnlich und den oberen Teil mit zahlreichen Brüsten ausgestattet. Die Göttin begleiten zahlreiche Tiere oder Fabelwesen und schmücken ihr Kleid und den Nimbus (eine Art Aureole, die den Kopf schmückt). Dies ist wahrscheinlich das dritte Kultbild des Heiligtums, nach dem *Xoanon* aus der Mitte des 8. Jh. v. Chr. (Statue aus Holz oder Stein mit anliegenden und vom zylindrischen Körper kaum abgehobenen Armen, eine Erinnerung an den Baumstamm, der für die ersten Skulpturen verwendet wurde) und der Kultstatue, die Endoios für das archaische *Artemision* geschaffen hatte. Die Ikonografie der Göttin verbindet so die ephesische Artemis mit der Großen Mutter, der Göttin der Fruchtbarkeit, die in der orientalischen Welt so bedeutend war; der reiche Schmuck der Kleidung ist in den verschiedenen Repliken unterschiedlich und

Zwischen Mythos und Realität

Das *Artemision* und die Amazonen

Die Verbindung zwischen dem Heiligtum und den Amazonen wird auch in den Quellen hervorgehoben: Kallimachos (Ende 4.–3. Jh. v. Chr.) erwähnt im Hymnus an Artemis *(III, 237–258), dass das Heiligtum von den Amazonen gegründet wurde; für Pausanias wurde es hingegen von Koressos und Ephesos gegründet (hinter dem ersten Namen verbirgt sich ein Flurname dieses Gebiets, der zweite war wohl der Name der Stadt, die von Griechen unter dem Anführer Androklos gegründet wurde), während die Amazonen als Schutzsuchende hierher kamen; die Griechen verjagten außerdem bei ihrer Ankunft die Einwohner der Oberstadt, arrangierten sich aber mit denen, die rund um das Heiligtum lebten. In diesen mythischen Traditionen kann man eine Widerspiegelung der verschiedenen Komponenten erkennen, die eine*

weist auf eine Komplexität der Symbolgehalte und Rituale hin, die den Kult dieser polyvalenten Gottheit gekennzeichnet haben müssen. Dieses Bild, das seit hellenistischer Zeit als Kultstatue des neuen *Artemision* bezeugt ist

(das aber wegen der Kontinuität in der Architektur des Heiligtums ebenfalls an die vorhergehende Kultstatue angeschlossen haben dürfte), blieb bis in römische Zeit unverändert, wie die Münzemissionen zeigen.

Links, im Vordergrund die Ruinen des Artemision *auf einer Fotografie von 1890. Unten, Amphore mit schwarzen Figuren, Darstellung des Achilles, der die Amazone Penthesilea, Tochter des Ares, tötet (London, British Museum).*

Rolle in der Geschichte des Heiligtums und der Stadt spielten, nämlich Autochtone (Karer, Leleger), Griechen und die Fremdstämmigen (vermutlich Lydier). Die mythische Verbindung zu den Amazonen dauerte fort; es wurde ein Wettbewerb ausgerufen, dessen Objekt die Darstellung einer verwundeten Amazone als Bronzestatue war, die dem Tempel geweiht werden sollte. Wegen Plinius' Behauptung, dass 120 Jahre für die Erbauung des Tempels notwendig waren, dachte man, dieser Wettbewerb habe genau zur Tempelweihe stattgefunden, während andrerseits die Weihung des Heiligtums in Beziehung zum Kallias-Frieden (449 v. Chr.) gesetzt wurde, der das Ende des Konfliktes zwischen Athen und den Persern besiegelte und die wechselseitigen Einflussbereiche absteckte.

Das Mausoleum von Halikarnassos

- Vom Königsgrab zum Steinbruch
- Die wertvollen Entdeckungen von Newton und Jeppesen
- Die Struktur des Mausoleums

- Mythologische Dekorationen mit Kolossalstatuen
- Ein Tempel in ungewöhnlicher Polychromie
- Das »Konsortium« der Künstlerväter des Mausoleums

Ein ungewöhnlich polychromer Tempel, auf Wunsch des Königs Mausolos von Karien erbaut, bildete in der ersten Hälfte des 4. Jh. v. Chr. die Hauptattraktion der Stadt Halikarnassos. Das Werk hat vier bedeutende Schöpfer, über die Plinius sagt: »Daß dieses Werk zu den Sieben Weltwundern zählt, ist vor allem diesen Künstlern zu verdanken.« Kolossalstatuen und Mythenfriese in wertvoller Ausführung boten keinen Schutz vor den Zerstörungen der Neuzeit: Der große Tempel, der den König aus der Dynastie der Hekatomniden feiern sollte, wurde auf ruinöse Weise abgetragen und von Hospitalitern und Piraten geplündert. Erst im 19. Jh. wurde er wiederentdeckt und seither wird durchgehend an diesem Wunder geforscht, das nicht wenige Geheimnisse birgt.

Links, das Mausoleum von Halikarnassos in einer Rekonstruktion von Maarten van Heemskerck (1498–1574).
Unten, Tongefäß der achämenidischen Zeit aus Halikarnassos, heute Bodrum in der Südwesttürkei (London, British Museum).

Viele Quellen erwähnen die Aufnahme des Mausoleums von Halikarnassos unter die Sieben Weltwunder der Antike (Plinius, Vitruv, Aulus Gellius) und schon unmittelbar nach seiner Errichtung dürfte das Mausoleum einen hohen Bekanntheitsgrad erreicht haben. Das Grabmal entstand im Auftrag des karischen Herrschers Mausolos (377–351 v. Chr.) in der von ihm zur Hauptstadt des Reiches gemachten Stadt Halikarnassos (das heutige Bodrum in der Türkei). Dieser Herrscher hatte tatsächlich die Stadt uralten und edlen Ursprungs auserwählt und unter Einbeziehung kleiner, bereits existierender lelegischer Siedlungen neu gegründet; sie nahm das gesamte Gebiet rund um den natürlichen Hafen ein. Mausolos machte aus ihr das Zentrum und das Symbol seiner Macht; diese wurde dann auch ausreichend demonstriert, eben durch das luxuriöse Grabmal, das er nahe dem Meer errichten ließ und das wahrscheinlich durch seine Gemahlin und Schwester Artemisia, wenn nicht sogar erst nach deren

Unten, Mario Larrinagas Rekonstruktion des Mausoleums von Halikarnassos, das von dem karischen Herrscher Mausolos in der ersten Hälfte des 4. Jh. v. Chr. in Auftrag gegeben worden war.

Tod vollendet wurde (der Überlieferung durch Plinius nach zu urteilen): Das Monument dürfte tatsächlich etwa um die Mitte des 4. Jh. n. Chr. fertiggestellt worden sein. Auch die Wahl des Ortes, wie die jüngsten Forschungen und Untersuchungen von Poul Pedersen und Kristian Jeppesen zeigten, war von besonderer Bedeutung: Das Monument erhob sich auf einer breiten Terrasse (deren Umfang 242 x 105 m betrug), die im Osten dem Bereich der Agora gegenüberlag, während an der Rückseite die Hauptstraße von Halikarnassos vorbeiführte, welche die Stadt mit Mylasa und Myndos verband.

Vom Königsgrab zum Steinbruch

Und genau aus diesem Grund war das Monument auf der Terrasse wahrscheinlich zur östlichen Ecke hingedreht, sodass es von dem darunterliegenden Bereich aus gut gesehen wurde. Wie Jeppesen hervorhebt, war die Ehre, in

Die Überlieferung durch Plinius

Die Künstler des Mausoleums

Die Überlieferung des Plinius ist in Bezug auf das Mausoleum von Halikarnassos die an Neuigkeiten und technischen Details reichste: »Skopas hatte zur selben Zeit als Nebenbuhler Bryaxis, Timotheos und Leochares, die zusammen besprochen werden sollen, da sie gemeinsam das Mausoleum mit Bildhauer-

arbeiten geschmückt haben. Es handelt sich um ein Grabmal, das dem Mausolos, einem Kleinkönig Kariens, der im zweiten Jahr der 107. Olympiade [352–349 v. Chr.] starb, von seiner Gattin Artemisia errichtet wurde. Daß dieses Werk zu den Sieben Weltwundern zählt, ist vor allem diesen Künstlern zu verdanken. Von Süden nach Norden ist es 63 Fuß lang, an den Stirnseiten kürzer, mit einem Gesamtumfang von

der Agora begraben zu sein, ein den Gründern der Stadt vorbehaltenes Privileg. Dass Mausolos beabsichtigte, sich in diesem Sinne feiern zu lassen, wird auch durch die Funde im Inneren des Monumentes bestätigt. Hier wurde nämlich am Fuß der Treppe, die zur Grabkammer führte, ein Speisedepot mit einer großen Anzahl von Knochen der verschiedensten Tiere sowie Eierschalen gefunden: Die ungewöhnliche Menge an Fleisch, das in Stücke zerteilt und deponiert worden sein dürfte, war wohl dem Unterhalt eines verstorbenen Gründers angemessen. Auch die Struktur des Grabmals und seine reichen Verzierungen dürften so zu verstehen sein. Das Mausoleum, das im 13. Jh. n. Chr. noch bestand, muss die oberen Teile bei einem Erdbeben verloren haben, systematisch abgetragen wurde es aber erst im 15. Jh., als es infolge des Ausbaus des Johanniterkastells, wie so viele andere Monumente der Antike, als Steinbruch für

Unten, Marmorfragment aus dem Athena-Polias-Tempel in Priene in der Westtürkei (London, British Museum). Der Tempel wurde von dem Architekten Pytheos entworfen, der mit Satyros als einer der Planer des Mausoleums gilt.

440 Fuß; es erhebt sich zu einer Höhe von 25 Ellen und wird von 36 Säulen umrahmt. Den Säulengang nannten [die Griechen] pteron. *Die östliche Seite versah Skopas, die nördliche Bryaxis, die südliche Timotheus und die westliche Leochares mit Bildhauerarbeiten; bevor sie fertig waren, starb die Königin. Dennoch hörten [die vier] nicht auf, ehe [das Bauwerk] vollendet war, indem sie es als Denkmal ihres Ruhmes und der Kunst betrachteten; und [noch] heute streitet man, welcher Meisterhand der Vorzug gebühre. Noch ein fünfter Künstler kam hinzu. Denn über dem* pteron *erhebt sich eine dem unteren Teile an Höhe gleichkommende Pyramide, die sich auf 24 Stufen oben zu einer Spitzsäule verjüngt; auf dem Gipfel steht ein Viergespann aus Marmor, das Pythis geschaffen hat. Zusammen mit diesem beträgt die Höhe des gesamten Bauwerks 140 Fuß.«*

C. Plinius Secundus d. Ä., *Naturkunde*, XXXVI, 30
Übersetzt von Roderich König mit Joachim Hopp
Artemis Verlag, 1989

Unten, Statue des Mausolos aus dem Mausoleum von Halikarnassos (London, British Museum).

Baumaterial diente, das in den Befestigungen wiederverwendet oder zur Kalkmörtelgewinnung verbrannt wurde. Das Einfügen einiger Blöcke grünen vulkanischen Gesteins sowie von Marmorblöcken in die Kastellmauern hat jedoch wenigstens ihre Erhaltung ermöglicht und damit wichtige Daten für die Rekonstruktionshypothesen bezüglich der Form des Mausoleums geliefert. Diese wiederverwendeten Materialien (Spolien) waren es, die Sir Charles Newton (1816–1894), der das Mausoleum wiederentdeckte, knapp nach der Mitte des 19. Jh. als zum Grabmal gehörig identifizierte, und die ihn veranlassten, an der Stelle zu forschen, wo es gestanden hatte.

Die wertvollen Entdeckungen von Newton und Jeppesen

Das Zusammenwirken der antiken Quellen, der Spolien und der Ausgrabungen, die ab der Mitte des 19. Jh. durchgeführt und zwischen 1966 und 1977 vom Dänischen Archäologischen Institut wiederaufgenommen wurden, ermöglichten es, viele Hinweise auf das antike Mausoleum zu bekommen und Hypothesen darüber aufzustellen, wie es ursprünglich ausgesehen haben musste, auch wenn einige Fragen bis heute offen sind. Man darf auch nicht vergessen, dass zwar der Baukörper verschwunden ist und nur mehr die Fundamente und Reste von Blöcken erhalten sind, dass aber beträchtliche Zeugnisse vom Skulpturenschmuck des Mausoleums existieren, von den Rundskulpturen bis zu den Friesplatten mit der Amazonomachie, eine Verzierung, die laut Plinius der Grund dafür war, dass das Mausoleum zu den Weltwundern der Antike gezählt wurde. Wir wollen daher die architektonische Struktur und die Daten analy-

Links, Ruinen des Mausoleums. Unten, kolossaler Marmorlöwe (ca. 350–200 v. Chr.) aus Knidos in der Südwesttürkei, eine eintägige Schiffsreise von Halikarnassos entfernt. Er wiegt ca. 6 Tonnen und war Teil eines Grabmonuments, das von dem Wunder des Mausolos inspiriert war (London, British Museum).

sieren, die im Lauf der Ausgrabungen und Untersuchungen zutage traten, und dabei daran erinnern, dass es nach Plinius einen dreistufigen Aufbau hatte, einen Unterbau, darüber die Peristase (Säulenhalle) und schließlich die Stufenpyramide, welche die Plattform für die abschließende Quadriga bildete. Die ersten archäologischen Untersuchungen hatte Newton unternommen, der 1857 mit seiner Erforschung begann, nachdem er die Häuser erworben hatte, die sich auf dem Standort des Mausoleums befunden haben. Denn auf der Fläche, die das Grabmal einst eingenommen hatte, waren nur die Spuren der aus dem Felsen gehauenen Fundamente sowie eine Reihe von Säulenfragmenten und Trommeln übrig geblieben. Das größte Verdienst der newtonschen Forschung war, dass er im Norden der antiken Struktur, jenseits der Einfriedungsmauer, die das Mausoleum umgeben haben dürfte, ein großes Depositorium mit einigen bedeutenden Teilen des architektonischen Schmucks entdeckte, darunter die berühmten Statuen, bei denen es sich möglicherweise um Mausolos und Artemisia handelt, Reste eines Pferdes der Quadriga, die das Gebäude bekrönt haben dürfte, ein Haupt, das Apollon darstellt, drei Statuen

Unten, Fragment eines Frieses aus dem Mausoleum von Halikarnassos. Das Bauwerk wies, abgesehen von den zahlreichen Skulpturen, viele Friese auf, die Amazonomachien darstellten.

und einige Fragmente von Löwen sowie viele andere Figurenfragmente. Wurden daher einerseits die Kenntnisse über die Verzierungen wieder um ein Stück reicher (Newton hatte auch vier weitere Platten des Amazonenfrieses sowie einen Reiter auf einem fragmentarischen Streitross und ein ionisches Kapitell mit einem Teil der Säulentrommel entdeckt), blieben andererseits die Kenntnisse über die Dimensionen des Grabmals und seinen Aufriss (außer das pyramidenförmige Dach, über das mehr bekannt ist) noch ungewiss, auch weil Newton den Umriss der Fundamente nicht vollständig ausgegraben hatte. Dies wurde die erste Aufgabe der Untersuchungen, die das Dänische Archäologische Institut seit Ende der 70er-Jahre durchführte. Jeppesen förderte also den Grundriss des Grabmals zutage, dessen Fundamente aus Blöcken von grünem Vulkangestein eine Fläche von ca. 32 x 38 m umfassten, ein Maß, das mit der Überlieferung durch Plinius übereinstimmt, die im Falle des Mausoleums reich an wertvollen Hinweisen ist.

Die Struktur des Mausoleums

Es stellte sich heraus, dass die Grabkammer im Grundriss in den nordwestlichen Quadranten versetzt war: Zu ihr führte eine im Westen entdeckte, in den Fels gehauene Treppenanlage, während am Eingang des Grabbereichs der schwere Verschlussstein erhalten geblieben war, der den Eingang versiegelt haben dürfte und bei den

Grabungen Newtons beiseite geräumt wurde. Vor der rechteckigen Grabkammer, deren Seiten mehr als 6 m lang waren, lag ein kleiner, fast quadratischer und von der Grabkammer durch eine niedrige Tür getrennter Raum, den die dänischen Archäologen als Vorkammer interpretieren; die Vorkammer war durch eine doppelte monumentale Tür mit dem Zugangskorridor verbunden. All diese Räume dürften nach Jeppesens Hypothese mit vorkragenden Platten gedeckt gewesen sein, durch die auch das enorme Gewicht, das auf ihnen lastete, verteilt wurde.

Unten, Marmorkopf von ca. 350 v. Chr., der ein Mitglied der Hekatomnidendynastie darstellt; wahrscheinlich handelt es sich um Ada, eine Schwester des Mausolos; sie wurde in der Cella des Athena-Polias-Tempels in Priene gefunden (London, British Museum).

Die Herren über Karien

Die Dynastie der Hekatomniden

Die Dynastie der Hekatomniden behielt die Kontrolle über Karien von 392 v. Chr. bis zur Eroberung durch Alexander den Großen im Jahr 334 v. Chr. Stammvater war Hekatomnos von Mylasa, der, auch wenn er nicht von iranischer Herkunft war, doch wegen seiner perserfreundlichen Ausrichtung von König Artaxerxes II. an die Spitze der neuen Satrapie von Karien gesetzt wurde. Mausolos (377–351 v. Chr.), Sohn und Nachfolger von Hekatomnos, transferierte die Hauptstadt von Mylasa nach Halikarnassos, das der Herrscher ex novo *gründete, mit einer Anlage nach hippodamischem Vorbild (Hippodamos von Milet, berühmter Architekt des 5. Jh. v. Chr.) und von langen Mauern umgürtet: Hier wurden die Spur der Hauptstraße, der Bereich der Agora und des Mausoleums sowie eine Terrasse im Norden, die mit dem Arestempel in Verbindung zu bringen ist, gefunden; der Palast des Mausolos thronte wahrscheinlich auf dem Felsen über dem Hafen. Nach dem Tod des Mausolos und der Artemisia wechselten sich das Geschwisterpaar Idreus und Ada an der Macht ab, nach dem Tod des Idreus kam der Bruder Pixodaros, der die Schwester absetzte. Alexander der Große wusste sich durch Großherzigkeit die Gunst der Karer zu erwerben und gab Ada Halikarnassos zurück. Die Stadt kam dann unter die Herrschaft der Epigonen Alexanders des Großen, bis Karien 129 v. Chr. römische Provinz wurde.*

Rechts, ein weiteres Fragment eines Frieses aus dem Mausoleum. Unten, Marmorkopf des Apollons aus dem Mausoleum. Wahrscheinlich ist Apollon der Schutzgott der Hekatomniden, da er auf den Münzen des Mausolos und seiner Nachfolger erscheint (London, British Museum).

Während die Grabkammer das Ossarium beherbergte, das die sterblichen Überreste des Mausolos enthielt, wurden im Korridor Fragmente eines weißen Marmorsarkophags gefunden, den die Wissenschaftler der Artemisia zuschrieben, der Gemahlin und Schwester des Mausolos, die zwei Jahre nach ihrem Gatten starb und neben ihm begraben worden sein könnte, wobei das Grab dann wahrscheinlich endgültig versiegelt wurde. Überdies nimmt Jeppesen an, dass das Innere des Unterbaus, mit Ausnahme des vom Grabbereich eingenommenen Teils, aus grünem Vulkangestein gewesen sei.

Seit den Untersuchungen im 19. Jh. und später noch während der dänischen Ausgrabungen wurden im Bereich des Mausoleums Blöcke mit Resten von Kerben für die Positionierung der Statuen gefunden, Bruchstücke von Platten aus bläulichem Kalkstein, Verbindungsplatten zwischen Unterbau und Säulenumgang, Fragmente von Figurenfriesen und Fragmente von unterschiedlich großen Statuen. Die Untersuchung des aufgetauchten Materials ermöglicht es heute, Rekonstruktionshypothesen aufzustellen, die, mithilfe der Aussagen von Plinius, für einige Teile des Monumentes als gesichert gelten, während es für andere noch unterschiedliche Ansätze gibt. Die Untersuchungen der Grundmauern bestätigten die Dimensionen des Unterbaus des Mausoleums; als äußerst wahrscheinlich gilt auch die stufenförmige Krönung, von der Newton bei seinen Ausgrabungen einige Fragmente fand. Es handelte sich Plinius zufolge um 24 Stufen, deren Höhe bei den Ausgrabungen ersichtlich wurde (ca. 30 cm): Unterhalb der Pyramide dürfte sich der von der ionischen Peristase umgebene Teil befunden haben (wahrscheinlich 9 Säulen an den kürzeren und 11 an den längeren Seiten). Zwei ganze Architravplatten, die im Kastell wiederverwendet und von Jeppesen 1972 und 1987 gefunden wurden, ermöglichten eine Messung der Distanz zwischen den Säulenachsen, die 3 m beträgt: Auf dieser Basis rekonstruierten die Archäologen die Dimensionen der Peristase mit 26 m auf der Schmalseite und 32 m auf der Längsseite; in Bezug auf den Unterbau verjüngte sich das Podium mit der Peristase um etwa 3 m auf jeder Seite.

Unten, Fragment der Kolossalstatue eines sitzenden Mannes, das aus dem Weltwunder stammt, das Mausolos errichten ließ. Sie ist aus pentelischem Marmor gemeißelt und 1,95 m hoch (London, British Museum).

Mythologische Dekorationen mit Kolossalstatuen

Die Gesamtrekonstruktion für das Aussehen des Mausoleums bezieht auch die Frage nach dem Skulpturenschmuck mit ein (laut Jeppesen sei der Skulpturenschmuck des Mausoleums integraler Bestandteil seiner Architektur gewesen). In den Kastellmauern wurde ein Dutzend Platten wiederverwendet, die zum Fries mit der Darstellung der Amazonomachie gehörten und vier berühmten Künstlern zugeschrieben wurden, von denen uns Plinius die Namen überlieferte; zu diesen Platten, die 1846 nach London gebracht

Unten, Pferd, das zur Triumphquadriga auf dem höchsten Punkt des Mausoleums gehörte (London, British Museum).

wurden, kommen weitere vier Platten hinzu, die Newton im Umriss des Grabmals als wiederverwertete Deckplatten auffand. Zu diesem Fries, bei dem man annimmt, dass er an der Basis des Säulengangs montiert war, kommen noch Fragmente eines zweiten Frieses mit der Darstellung des Kampfes zwischen Kentauren und Lapithen, sowie eines dritten Frieses mit Szenen von Wagenrennen hinzu. Die Rundskulpturendekoration umfasste, abgesehen von der Abschlussquadriga, Kolossalstatuen wie die des Mausolos und der Artemisia, Statuen in einer Zwischengröße, aber immer noch größer als normal (von dem Wissenschaftler Geoffrey Waywell als »heroisches Zwischenformat« bezeichnet), sowie Statuen in natürlicher Lebensgröße. Gerade diese unterschiedlichen Größen ließen Waywell, der die Fragmente der Rundskulpturen des Mausoleums, die im British Museum aufbewahrt werden, untersucht hat, die Existenz von drei Stufen auf dem Unterbau annehmen. Die Rekonstruktion Waywells sieht, in aufsteigender Ordnung, die Statuen mit Kampfszenen in natürlicher Lebensgröße auf der untersten Stufe des Unterbaus vor, auf der mittleren Stufe die Statuen in »heroischer« Zwischengröße und auf der dritten die Statuen mit Jagdszenen, um in den kolossalen Porträtstatuen der Interkolumnien zu gipfeln. Dem Wissenschaftler zufolge könnten die Kolossalstatuen von Mausolos und Artemisia zusammen mit den Vorfahren der karischen Herrscher in den Interkolumnien der Säulenhalle Platz gefunden haben. Der Fries mit dem Kampf zwischen Kentauren und Lapithen könnte das Postament der Quadriga gekrönt haben, während der dritte Fries mit dem Wagenrennen oben in der Mauer hinter dem Säulengang

Links, Rekonstruktion des Mausoleums nach Bill Munns.

Platz gehabt hätte. Die Untersuchung aller Ausgrabungsdaten und der die architektonische Struktur betreffenden Materialien veranlasste Jeppesen, eine andere Rekonstruktion vorzuschlagen. Unter Beibehaltung der Situierung der Friese sieht der Wissenschaftler nur zwei Stufen des Unterbaus vor: Auf der unteren fänden demnach die Fragmente der aus einer Audienzszene stammenden Statuen und die Darstellungen von Jägern Platz (deren Fragmente von der westlichen Seite zu stammen scheinen), auf der oberen Stufe die kämpfenden Gruppen in Lebensgröße.

Ein Tempel in ungewöhnlicher Polychromie

Die Kolossalstatuen, die zu groß waren, um in den Interkolumnien untergebracht zu werden, standen für Jeppesen auf einer weiteren Stufe hinter der Peristase (auch in diesem Fall war, den letzten Studien zufolge, der Unterbau massiv und dürfte keine interne Cella enthalten haben); die Interkolumnien konnten außerdem die Statuen von »heroischer« Dimension beherbergen, zum Ruhme der Vorfahren des Mausolos in einem großen Bereich an zentraler Stelle des Grabmals. Die Löwen finden in beiden Rekonstruktionen Platz an der Basis der Pyramide. Die

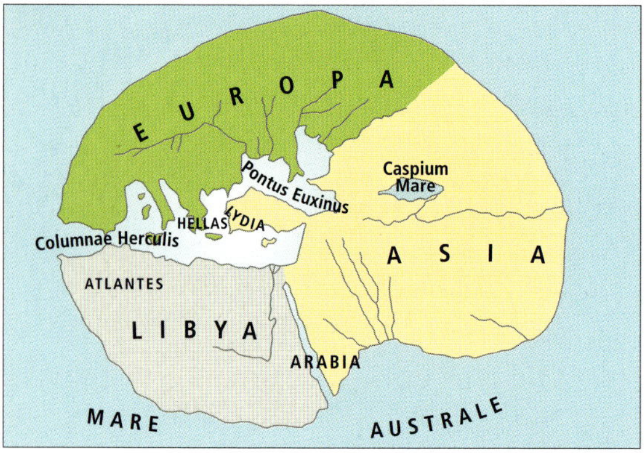

Oben, Karte der bekannten Länder nach der Beschreibung, die Herodot (ca. 484–426 v. Chr.) in seinen Werken lieferte. Er ist die berühmteste Persönlichkeit, die in Halikarnassos geboren wurde.

große Quadriga krönte das Monument: Auch wenn diesbezüglich keine Elemente vorhanden sind, müsste sich Mausolos darauf befunden haben. Ein weiterer wichtiger Aspekt des Monumentes ist seine reiche Polychromie, eine Vielfarbigkeit, die durch die Verwendung unterschiedlicher Steine und den Einsatz der Malerei hervorgerufen wurde. Denn am Äußeren des Bauwerks wechselten Verkleidungsplatten aus weißem Marmor und bläulichem Kalkstein einander ab, Verwendung fand auch der pentelische Marmor, der u. a. für den unter der Peristase befindlichen Fries mit den Wagenrennen benutzt wurde. Zum bunten Marmor gesellte sich das malerische Dekor, bei den Friesen dürfte das Blau des Hintergrundes mit Rot und Gold abgewechselt haben, Farben, die auch für die Statuen verwendet wurden; weiteres malerisches Dekor bildete z. B. das Mäandermotiv unter dem Fries aus pentelischem Marmor.

Mehrmals wurde von den Wissenschaftlern die glückliche Verbindung von griechischer und lokaler Tradition sowie ägyptischen Reminiszenzen hervorgehoben. Der Skulpturenschmuck ist jedoch deutlich griechische Tradition und es ist kein Zufall, dass die größten Künstler ihrer Zeit zur Arbeit hierher berufen wurden. Bei den zwei großen Statuen, deren Höhe fast das Doppelte der natürlichen Größe betrug (3 m bei der männlichen, 2,66 m bei der weiblichen Statue) kommt zu lokalen Elementen bei der

Wiedergabe des männlichen Porträts mit langen fließenden Haaren und kurzem Bart, der zusammen mit dem Schnauzbart ein großes, eindringliches und in sich versunkenes Gesicht einrahmt, eine typisch griechische Bearbeitung der Oberfläche hinzu, mit weiten Kleidern, die in zahlreichen Falten den Körper umhüllen. Mancher Autor glaubte in den beiden Statuen die jugendliche Hand des Bryaxis zu erkennen, eines karischen Bildhauers, von dem Plinius berichtet, er habe an der Nordseite des Bauwerks gearbeitet: Jeppesen schlug vor, dass den vier großen, von Plinius zitierten Bildhauern die Schöpfung der Porträtserie an einer Seite der Peristase anvertraut worden sei, auch wenn die Quellen, im vorliegenden Fall Plinius, diesbezüglich keinen genauen Hinweis liefern.

Oben, zeitgenössische Rekonstruktion des Mausoleums.
Unten, das Mausoleum auf einem Stich von Fischer v. Erlach aus dem Jahr 1721.

Das »Konsortium« der Künstlerväter des Mausoleums

Der Hinweis von Plinius ist keine große Hilfe, denn selbst wenn die Reliefs, auf die sich der Autor bezieht, jene des Amazonenfrieses wären, wurde dieser zum großen Teil doch als Spolie aufgefunden, woraus sich die Schwierigkeit ergibt, die Platten den verschiedenen Seiten des Mausoleums zuzuordnen. Viele Studien versuchten die unterschiedlichen Schöpfer auf den erhaltenen Friesstücken zu

Unten, Zeichnung mit einer Darstellung des Mausoleums von Halikarnassos.

erkennen, und einige Fragmente scheinen einhellig zugeordnet. Es fehlte nicht an Zuschreibungsversuchen für die verschiedenen Teile der Dekoration, wobei zu den aktiven Künstlern auch Satyros und Pytheos gezählt wurden, die laut Vitruv auch die Autoren eines Textes über das Mausoleum gewesen sein sollen. Die zwei, die für die Architekten des Bauwerks gehalten werden, sollen laut Waywell auch als Bildhauer tätig gewesen sein, zumindest bei einem Teil der hoch gelegenen Dekoration (Quadriga, Löwen, Kolossalstatuen), während er die vier Meister der plastischen Kunst des 4. Jh. außer mit den Friesen auch beim tiefer gelegenen Teil des Mausoleums beschäftigt sieht; außerdem erwähnt er, dass ein großes Unternehmen

Von den Hospitalitern zerstört und von den Piraten geplündert

Der Abbruch des Mausoleums

Claude Guichard berichtete 1581 von der Entdeckung des Grabes: »Nach dem Erwerb Bodrums begannen die Hospitaliter das Kastell zu befestigen. Als sie sich nach Steinen zur Kalkgewinnung umsahen und keine passenderen oder zugänglicheren fanden als gewisse Stufen aus weißem Marmor, die sich – mitten in einem Feld in der Nähe des Hafens, wo sich einst das alte Forum befunden hatte – zu einem Sockel erhoben, zerlegten sie diese und schafften sie zu dem be-

wussten Zweck fort. Da sie die Qualität der Steine für gut befanden, brauchten sie alles, was sich über dem Erdboden befand, umgehend auf und gingen dann in der Hoffnung auf weitere Funde dazu über, tiefer zu graben. Dabei erzielten sie große Erfolge, denn sie entdeckten schon bald, daß das Bauwerk, je tiefer sie gruben, sich nach unten hin verbreiterte und sie nicht nur mit Steinen zum Brennen, sondern auch mit solchen zum Bauen versah. Als sie nach vier oder fünf Tagen ein großes Areal freigelegt hatten, erblickten sie eines Nachmittags eine Öffnung von der Art eines Höhleneingangs. Mit Kerzen ausgerüstet, wagten sie sich hinein und stießen auf eine große viereckige Kammer, die von

wie jenes, eine Hauptorganisation gehabt haben müsste, in der mehrere Handwerker an den Verzierungen innerhalb eines Projektes arbeiteten. Die vom Fries übrig gebliebenen Platten zeigen die wichtigsten Tendenzen der griechischen Plastik, das Pathos der Figuren des Skopas in ihrem isolierten Relief, die Eleganz des Timotheus ungeachtet der Aufregung des Kampfes, die feinen, ungestümen und schlanken Figuren mit den wehenden Gewändern von Leochares. Das Mausoleum von Halikarnassos stellte ein griechisches Werk, und zwar ein Werk von so wunderbarer Machart in jedem Detail der Verzierung dar, dass es unter die Weltwunder aufgenommen wurde.

Oben, Friesfragment des Mausoleums, das Herakles darstellt, während er eine kniende Amazone packt, wahrscheinlich Hippolyte, Königin der Amazonen und Tochter des Ares (London, British Museum).

Marmorsäulen umringt war, in deren Plinthen, Kapitelle, Architrave, Friese und Gesimse Reliefs gemeißelt waren. Die Interkolumnien waren mit Platten und Bändern aus verschiedenfarbigem Marmor gesäumt, die mit den anderen Arbeiten gleichwertigen Plastiken und Skulpturen verziert und in den weißen Grund der Wand eingelassen waren. Dort fanden sich auch Friese mit historischen Darstellungen und Schlachtenszenen. Nachdem sie diese einzigartigen Kunstwerke zunächst bewundert […] hatten, brachen sie sie heraus und zertrümmerten sie, um sie gleich den anderen Steinen zu verwenden. Hinter der Kammer fanden sie später eine niedrige Türöffnung, die in einen anderen, vorzimmerähnlichen Raum führte. Dort befand sich ein äußerst prächtiges Grab mit einer Urne und einem Giebeldach von wunderbar schimmerndem weißen Marmor. Da bereits das Signal zum Rückzug gegeben worden war, hatten sie keine Zeit mehr, das Grab zu öffnen. Als sie tags darauf zurückkehrten, entdeckten sie, daß das Grab aufgebrochen und der ganze Boden mit Resten goldenen Tuches und Flitters übersät war. Dies veranlaßte sie zu der Vermutung, daß die Seeräuber […] von der Entdeckung Wind bekommen, den Ort über Nacht heimgesucht und den Grabdeckel entfernt hatten. Man nimmt an, daß sie in dem Grab reiche Schätze fanden.«

In: P. A. Clayton,
Die Sieben Weltwunder
Philipp Reclam jun., 1990

Der Koloss von Rhodos

- Ein in zwölf Jahren errichteter Gigant
- Das ikonografische Weiterleben des »Wunders«
- Theorien und Hypothesen zum Standort des Kolosses

- Ein Kunst- und Verteidigungswerk

»Nur wenige können seinen Daumen umfassen, seine Finger sind größer als die meisten Standbilder. Weite Höhlen klaffen in den zerbrochenen Gliedern …«, so die suggestiven Worte von Plinius, mit denen er die gigantische Statue an der Hafeneinfahrt von Rhodos beschreibt, die in zwölf Jahren errichtet wurde, aber ca. 227 v. Chr. durch ein Erdbeben zerstört wurde. Kaiser Hadrian ließ sie wieder aufrichten, aber wenig später stürzte sie endgültig ein. Die letzten Fragmente wurden im 7. Jh. n. Chr. von einem jüdischen Kaufmann aufgekauft, ihr Mythos ist aber bis heute ungebrochen, sodass die Freiheitsstatue in New York als letzte Epigonin des Kolosses von Rhodos gilt.

Oben, Stich aus dem 18. Jh. mit einer Darstellung des Kolosses von Rhodos.

Zwar wird dieses Weltwunder der Antike oft erwähnt, allerdings liefern die Quellen nur sehr ungenaue Kenntnisse über das Aussehen der Statue. Überliefert wurde allerdings die Gelegenheit, anlässlich der die Einwohner von Rhodos beschlossen, diese dem Sonnengott Helios – Beschützer der Stadt seit ihrer Gründung 408 v. Chr. – gewidmete Kolossalstatue aufzustellen. Denn 305 v. Chr. wurde die Stadt in einer Belagerung durch Demetrios Poliorketes eingeschlossen; Grund dafür waren die guten Beziehungen, die die Insel zu Ägypten pflegte, was ein Haupthindernis für die Expansionspolitik der Antigoniden darstellte. Die Belagerung wurde mit allen Mitteln geführt, die die hellenistische Kunst der Städtebelagerung bot (Diodorus Siculus überliefert in seiner *Griechischen*

Rechts, Kolossalstatue des Ruhenden Herakles aus römischer Zeit, auf dem Fels ist die Inschrift Lysippou érgon *(Werk des Lysippos) eingeritzt, diese Beschriftung aus römischer Zeit bezieht sich auf das griechische Original in Bronze (Florenz, Palazzo Pitti).*

Weltgeschichte, wie Epimachos für dieses Unternehmen einen riesigen Turm auf Rädern konstruiert habe – Helepolis, »die Städtebezwingerin«, für deren Einsatz 3 400 Mann vonnöten waren), und dennoch war sie ein Misserfolg für Demetrios Poliorketes, sodass mit Rhodos ein Friede ausgehandelt wurde. Plinius erzählt, dass man aus dem Verkauf der mächtigen Belagerungsmaschine, die Demetrios Poliorketes zurückgelassen hatte, 300 Talente erzielte, die für die Errichtung der bronzenen Statue des Helios Eleutherios (Befreier) verwendet wurden. Wie mehrmals von den Wissenschaftlern hervorgehoben wurde, fügte sich diese in eine Tradition der Kolossalstatuen ein, die für die hellenistische Zeit umfassend bezeugt ist. Lysippos etwa, der Lehrer des Chares von Lindos (der für die Errichtung des Kolosses berufen wurde), hatte mit seiner 40 Ellen (ca. 18 m) hohen Statue des Zeus Kataibates und dem Ruhenden Herakles von Taranto dafür bedeutende Beispiele geliefert, die auch Plinius in seiner Auflistung von Kolossalwerken erwähnt. Mit Sicherheit wird das Vorbild seines Lehrers dem Werk des Chares eine Richtung gegeben haben; hier war er allerdings dazu berufen worden, eine Statue von den beinahe doppelten Dimensionen des Zeus zu schaffen.

Ein in zwölf Jahren errichteter Gigant

Die Errichtung von Kolossalstatuen aus Dankbarkeit für eine unverhoffte Rettung hatte ihre Vorläufer in der griechischen Welt; so erzählt etwa Diodorus Siculus von der Kolossalstatue, die dem Zeus Eleutherios von den Syrakusanern nach der Vertreibung der Dinomeniden-Tyrannen im 5. Jh. v. Chr. gewidmet wurde. Die bedeutendsten Informationen über den Koloss von Rhodos sind uns von Plinius, Strabon und Philon überliefert, aber keiner der drei bietet Details für eine Rekonstruktion des Aussehens oder gibt Aufschluss über den ursprünglichen Standort der Statue. Diese war ca. 70 Ellen (32–33 m) hoch, wurde laut Plinius in zwölf Jahren errichtet und nur 66 Jahre nach der Vollendung von dem furchtbaren Erdbeben zum Einsturz gebracht, das die Insel um 227 v. Chr. heimsuchte. Sie wurde nicht wieder aufgestellt, zumindest nicht bis in die römische Kaiserzeit, weil ein Orakel es, laut Strabons

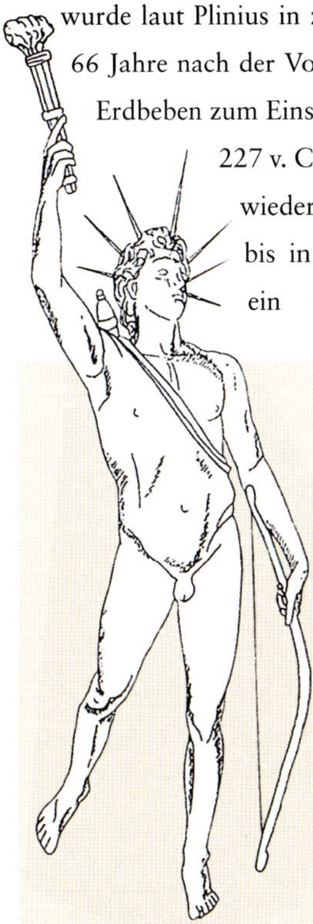

Oben, heutige Rekonstruktion des Kolosses von Rhodos. Unten links, Darstellung des Kolosses auf der Basis von Fragmenten des in Rhodos gefundenen hellenistischen Kopfes und der Statue von Santa Marinella.

»Sie soll zwölf Jahre Arbeit [beansprucht] ... haben«

Der Koloss nach Plinius

Die meisten Nachrichten über den Koloss von Rhodos werden uns durch Plinius überliefert: »Vor allem aber bewunderungswürdig war der Koloß des Sonnengottes [Helios] zu Rhodos, den Chares aus Lindos, ein Schüler des oben erwähnten Lysippos, gefertigt hatte. Dieses Bildwerk war 70 Ellen hoch. Es wurde 66 Jahre später durch ein Erdbeben umgestürzt, erregt aber auch liegend [noch] Staunen. Nur wenige können seinen Daumen umfassen, seine Finger sind größer als die meisten Standbilder. Weite Höhlungen klaffen in den zerbrochenen Gliedern; innen sieht man große Steinmassen, durch deren Gewicht [der Künstler] der Statue beim Aufstellen festen Stand gegeben hatte. Sie soll zwölf Jahre Arbeit [beansprucht] und 300 Talente gekostet haben, die man aus dem Kriegsmaterial des Königs Demetrios erlöst hatte, das er aus Überdruß an der langen Belagerung von Rhodos zurückgelassen hatte.«

C. Plinius Secundus d. Ä.,
Naturkunde, XXXIV, 39
Übersetzt von Roderich
Bayer mit Karl Bayer
Artemis Verlag, 1989

Rechts, der Koloss von Rhodos in der digitalen Rekonstruktion von Bill Munns. Unten, Ruinen eines Tempels in Rhodos. Auf der gegenüberliegenden Seite, ein Foto des heutigen Hafens Mandraki in Rhodos, sehr wahrscheinlich stand der Koloss genau an der Einfahrt des derzeitigen Hafens von Rhodos.

Erklärung, so den Rhodiern auferlegt hatte. Wahrscheinlicher aber ist, dass sie wegen der Schwierigkeiten und der Schäden, die der Zusammenbruch verursacht hatte, nicht wieder errichtet wurde. Die Informationen mit dem größten Bezug zur Herstellungstechnik kommen von Philon,

der zu illustrieren versucht, wie der enorme Koloss aus Bronze geschaffen wurde: Aus seinem Bericht wissen wir, dass die Statue aus separat gegossenen Teilen gefertigt wurde, wobei die Fragmente von den Füßen an fortlaufend aneinandergesetzt wurden, während man ins Innere große Steinblöcke gab, um die Stabilität zu erhalten. Nicht alle Wissenschaftler haben jedoch die Gültigkeit dieses Zeugnisses anerkannt, einige hielten es für wahrscheinlicher, dass die Statue in der Technik des Metallhämmerns hergestellt worden sei. Kein Hinweis wird allerdings über das Aussehen der Statue geliefert, außer dass es sich um eine männliche Figur handelte. Die Anfang des 20. Jh. von dem Wissenschaftler Albert Gabriel aufgestellte Hypothese lautet, dass es sich bei der Statue um eine stehende Darstellung

Ursprung und Geschichte

Die Stadt Rhodos

Entstanden 408 v. Chr. auf Wunsch der drei Städte der Insel, hatte Rhodos eine Anlage nach hippodamischem Vorbild mit verschiedenen rechtwinkeligen Achsen in Nord-Süd- und Ost-West-Ausrichtung auf Terrassierungen angelegt; ein Mauergürtel, bei dem man eine klassische und eine erweiterte hellenistische Bauphase entdeckte, wurde wahrscheinlich nach der Belagerung durch Demetrios gebaut (und in der Folge wieder instand gesetzt), er umgab das urbane Geflecht, das sich im tiefer gelegenen, weniger bekannten Teil der Stadt rund um die natürlichen Häfen ausbreitete. Die Akropolis auf der natürlichen Erhebung des heutigen Monte Smith hat auf ihrem höchsten Punkt Spuren vom Heiligtum der Athena Polias und des Zeus Polieus sowie im Süden vom Heiligtum des Pythischen Apollon hergegeben (der größte der bekannten Tempel von Rhodos), unter dem sich das Stadion und das Gymnasium erstreckten; im Norden davon wurde das Odeion *entdeckt. Weniger bekannt erscheint die Unterstadt, wo den Quellen nach jedoch zahlreiche Tempel vorhanden gewesen sein sollen; die Lage von einigen ist heute bekannt, wie jener der Demeter, der viele Votivfiguren hergab, oder jener der Aphrodite Limeneia; unter den in den Quellen erwähnten Heiligtümern befindet sich auch ein* Ptolemaion, *das nach der Belagerung durch Demetrios zu Ehren des ägyptischen Königs Ptolemäus I. errichtet wurde: Von diesem glaubt man heute die Spuren zu erkennen; es handelt sich vielleicht um ein Gymnasium, wo der Kult des Herrschers praktiziert werden konnte. Fast alle identifizierten Strukturen sind der hellenistischen Zeit zuzuordnen, während von der römischen Stadt wenig erhalten ist; richtig geschrumpft ist die Ansiedlung jedoch erst in Zusammenhang mit dem Auftreten der Araber im 8. Jh., was nicht zufällig auch mit dem endgültigen Verschwinden der Spuren des berühmten Kolosses in Verbindung gebracht wird.*

© Corbis / Grazia Neri

Oben, Rekonstruktion des Kolosses auf einem Stich von Fischer v. Erlach (ca. 1721).

eines nackten jungen Mannes, ein *Kouros*, wahrscheinlich mit einer Fackel und einer Lanze in den Händen, handelte.

Das ikonografische Weiterleben des »Wunders«

Die Erwähnung des Lichtes, und somit auch der implizite Bezug auf das Vorhandensein einer Fackel, real oder aus Gold, existiert auch in einem anonymen Epigramm, das in die Sammlung *Anthologia Palatina* oder *Graeca* eingeflossen ist; es wird von den Wissenschaftlern für das Widmungsgedicht des Werkes gehalten.

Bis zum Olympos empor, o Helios, türmte dir preisend / Rhodos' dorisches Volk diesen Koloß hier aus Erz, / als es endlich die Wogen des grimmigen Krieges beschwichtigt und das heimische Land prächtig mit Beute geschmückt. / Fest auf der Erde erbaute es ihn und hoch überm Meere, / daß er ein herrliches Licht fronloser Freiheit sei. / Ist das Recht doch der Männer vom Blute des Herakles, daß sie Herrschen zu Lande und Meer, wie es die Väter getan.

Ein Abglanz der Züge des Hauptes ist uns vielleicht auf Münzprägungen der Insel aus hellenistischer Zeit erhalten geblieben, auf denen der Kopf des Helios mit fliegenden Haaren, mit oder ohne Strahlenkrone zu sehen ist; diese erschien sowohl in der Meinung der Wissenschaftler als auch in den Werken von Malern und Kupferstechern stets als eher vereinbar mit dem Bild der großen Statue des Gottes. Innerhalb der Münzserie von Rhodos hat Richard Ashton eine Untergruppe entdeckt, Zweidrachmenstücke aus Silber, bei denen der Kopf des Helios mit einer Strahlenkrone im Profil gezeigt wird (während in der traditionellen Münzprägung der Kopf zu drei Vierteln gedreht ist), worin man eine Widerspiegelung der Statue sehen könnte. Noch komplexer ist die Frage nach dem Standort. Die berühmten Stiche von Maarten van Heemskerck und Johann Bernhard Fischer v. Erlach zeigen die Götterstatue mit gespreizten Beinen, die auf beiden Seiten

Unten, eine weitere Rekonstruktion des Wunders von Rhodos auf einem Stich aus dem 18. Jh.

Unten, Rekonstruktion des Kolosses, wie er nach dem Zusammenbruch (227 oder 226 v. Chr.) ausgesehen haben könnte.

der Hafeneinfahrt ruhen. Diese Ikonografie hat ihren Ursprung in der Erzählung eines italienischen Reisenden, Niccolò de Martoni, der am Ende des 14. Jh. die Insel besuchte und sich auf eine Volkstradition bezog, nach welcher der Koloss zwischen den beiden Ufern des kleinen Hafens, dem heutigen Mandraki, stand, auf der Höhe, wo jetzt das Fort Ajios Nikolaos steht. Die antike Stadt Rhodos, die 408 v. Chr. per *Synoikismos* als gemeinsame Hauptstadt der drei Städte der Insel (Lindos, Ialysos und Kamiros) entstanden war, lebt in der modernen Stadt fort, weswegen nur schwierig eine Kenntnis über den antiken Standort zu erlangen ist, auch wenn es an jüngeren Untersuchungen nicht mangelt, die es ermöglichten, das urbane Geflecht zu rekonstruieren. Die Stadt dürfte zahlreiche Hafenanlegestellen gehabt haben, und eine davon war eben der Hafen von Mandraki, wo die Kreuzritter eine dem heiligen Nikolaus geweihte Kirche erbauten, an deren Stelle später das gleichnamige, heute noch existierende Fort trat.

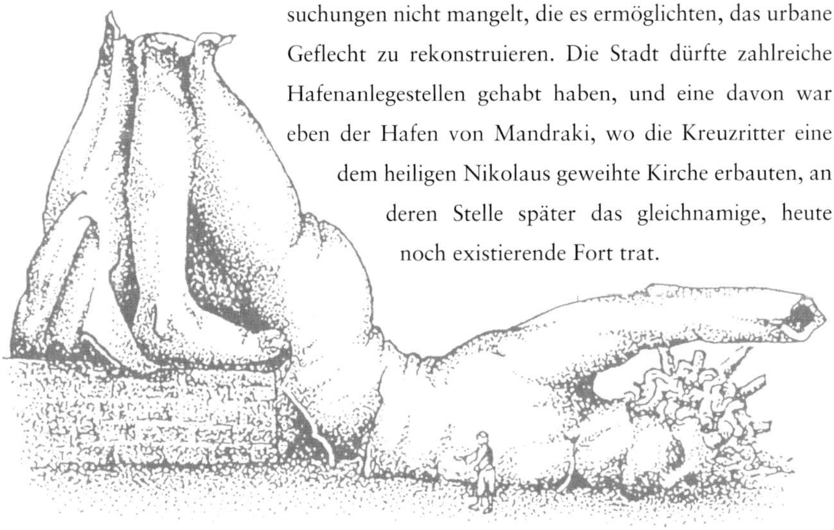

Theorien und Hypothesen zum Standort des Kolosses

Im Fort wurden tatsächlich antike Materialien verwendet, und Gabriel vertrat die Ansicht, dass die Statue hier gestanden haben könnte, auch wenn es unmöglich erscheint, dass der bronzene Koloss mit der Öffnung der Beine die 400 m zwischen dem einen und dem anderen

Links, Ritterstraße in Rhodos.
Unten, der Palast des Großmeisters, der die alte Stadt dominiert. Rhodos war lange unter venezianischer Herrschaft und Sitz der Johanniterritter.

Ufer überspannen konnte. Es sei viel wahrscheinlicher, dass er auf einem der beiden Ufer stand, wahrscheinlich auf dem des Forts. Reynold A. Higgins hat jedoch Zweifel am Standort beim Hafen erhoben, wegen der logistischen Schwierigkeiten, die die Fragmente des Kolosses, die den Quellen zufolge an Ort und Stelle belassen wurden, aufgeworfen hätten. Als Alternative denkt der Wissenschaftler an seine Errichtung in der Nähe des Tempels für Helios (in dem die von Lysippos geschaffene Quadriga mit dem Sonnengott aufbewahrt wurde), dem der Koloss geweiht war. Die Überreste des Tempels wären vielleicht, wie einige Basen mit Inschriften der Namen von Priestern zeigen, im westlichen Teil der Unterstadt am Fuße der

Akropolis, an der Kreuzung zweier wichtiger antiker Straßenachsen, aufzuspüren. Auch ein anderer Wissenschaftler, Paolo Moreno, nimmt den Standort in der Nähe des Heliostempels an. Ihm verdankt man auch einen neuen Vorschlag der ikonografischen Rekonstruktion, der außer auf den antiken Zeugnissen insbesondere auch auf zwei Funden basiert, einem tönernen Kopf, der sich im Museum von Rhodos befindet, und einer lebensgroßen Statue aus parischem Marmor, die in Santa Marinella gefunden wurde und in Civitavecchia aufbewahrt wird. Der Jünglingskopf, auf dem Spuren von Löchern nachweisbar sind, die auf das ursprüngliche Vorhandensein einer Strahlenkrone hinweisen, kann als Haupt des Helios identifiziert werden und dürfte gleichzeitig zum Koloss entstanden sein; die Statue von Santa Marinella hingegen ist in hadrianische Zeit datierbar und könnte eine Art »Souvenir« des berühmten Werkes sein, das von einem reichen Römer bestellt wurde (der Koloss soll der Annahme des Wissenschaftlers zufolge, die auf der Überlieferung des Malala, Chronist aus dem 6. Jh. n. Chr., basiert, von Hadrian wieder aufgestellt worden sein). Die beiden Exponate würden demnach die Züge der großen Statue von Rhodos reproduzieren, die mit den Merkmalen von Apollon-Helios dargestellt wurde, nackt, mit umgehängtem Köcher, die Fackel in der rechten erhobenen Hand und in der linken den Bogen als Stütze auf dem Boden. Der Wissenschaftler nähme so das Schema mit gespreizten Beinen wieder auf, das in den Darstellungen des Kolosses so großen Anklang gefunden hatte: Die Stabilität wäre (nach einem Modell, das seine letzte Epigonin in der Freiheitsstatue in New York von

Oben, Apollon-Helios, gefunden in Santa Marinella (Civitavecchia, Archäologisches Museum).

Frédéric Auguste Bartholdi [1834–1904] fand) durch die Rücksetzung des rechten Beins und eine zusätzliche Stütze durch den Bogen erhalten worden, der u. a. die eiserne Verankerung hätte verstecken können, die in den Quellen erwähnt wird. In jüngerer Zeit kam der deutsche Wissenschaftler Wolfram Hoepfner auf das Thema zurück, der sowohl die ikonografischen als auch die topografischen und technischen Aspekte untersucht. Bezüglich des Standortes der Kolossalstatue hält der Autor eine Aufstellung beim Heiligtum des Helios für unwahrscheinlich, das nicht den Raum für einen repräsentativen Tempel gehabt zu haben scheint, sondern eher für einen *Naiskos* (kleiner Tempel), der die berühmte von Lysippos geschaffene Gruppe hätte beherbergen können.

Oben, Rekonstruktion des Kolosses von Rhodos auf einem Gemälde von Mario Larrinaga. Unten, die Freiheitsstatue in New York.

Ein Kunst- und Verteidigungswerk

Der Koloss des Sonnengottes konnte sich nur in der Nähe des Meeres, und zwar genau an der äußeren Landspitze des kleinen Hafens befinden, worauf Gabriel bereits hinwies. Die Zeugnisse aus dem späten 15. Jh. bestätigen, dass die Kreuzritterfestung über jenem Ort errichtet wurde, auf dem sich früher der Koloss von Rhodos befunden hatte. Eine neuerliche Untersuchung der Blöcke aus graublauem rhodischen Marmor, die an der Nordostecke der Burg sichtbar sind und bereits in der Mitte des 19. Jh. von C. T. Newton entdeckt worden waren, ließ Hoepfner die Hypothese aufstellen, dass sie ein Teil des äußeren Sockels des Kolosses waren, der hier mit dem Mauerring verbunden war, während der innere Sockel aus großen Blöcken von *Poros* (eine Art lokaler Kalkstein) bestanden habe, die zwischen dem äußeren Ring und dem Turm des Forts vorhanden

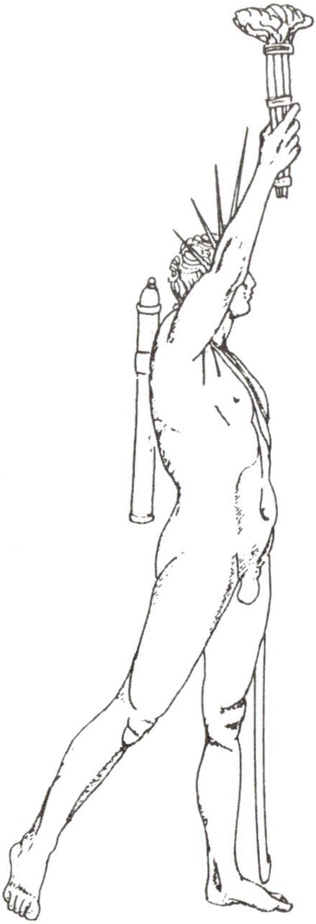

sind. Der Sockel (so hoch wie der Mauerring) bildete so, abgesehen von einem mächtigen Verteidigungswerk, auch eine künstlerisch bedeutende Schöpfung mit dem äußeren Teil, der eine natürliche Klippe darstellte. Der Koloss erhob sich so über dem Meer und grüßte

mit seiner machtvollen Präsenz alle, die im Hafen anlegten. Auch Hoepfner meint, dass die Kolossalstatue ein bemerkenswertes ikonografisches Schicksal hatte: Er entdeckte einige kleine bronzene Reproduktionen des berühmten Werkes. Ihm zufolge dürfte die Statue weniger die von Gabriel angenommene statische und starre Pose eingenommen als vielmehr die rechte Hand in grüßender Geste erhoben haben, während die linke auf einer Stütze ruhte, die sich genau wie ein Felsvorsprung dargestellt haben dürfte, während eine *Chlamys* (Mantel) über die Schulter geworfen war. Hoepfner untersucht auch Philons

Das auf römischen Münzen unsterblich gemachte »Wunder«

Das Erbe des Kolosses

Bei einer numismatischen Untersuchung hat Giovanni Maria Staffieri Prägungen entdeckt, die aus kaiserlich-römischen Münzprägeanstalten in Kleinasien stammen, mit der Darstellung einer stehenden Figur, die durchaus mit dem Koloss von Rhodos in Zusammenhang stehen könnte. Besonders eine Bronzemünze von Caracalla (211–217 n. Chr.), die in Lydien geprägt wurde, reproduziere auf der Rückseite zwei Statuen, eine der Artemis Anaitis, eine lokal verehrte Gottheit, und die andere, stehende, nackt, mit einem Strahlenkranz,

Überlieferung bezüglich der Errichtung des Kolosses und nimmt die Verwendung von Eisenskeletten im Inneren der Statue an, sowie Steinblöcke, die durch Klammern und quer verlaufende Eisenstangen verbunden waren, um die Stabilität zu garantieren: Blöcke aus rhodischem Marmor, die im Fort wiederverwendet wurden, zeigen tatsächlich Spuren von Einbettungen für Metallstangen und könnten daher ursprünglich zu einem solchen Zweck gedient haben. Hoepfner vermutet auch, dass der Koloss von Kaiser Hadrian wieder aufgerichtet worden, aber wenig später erneut zusammengestürzt sei, wahrscheinlich 155 n. Chr. Zu dieser Zeit, im Moment der Instandsetzung durch Hadrian, könnten kleinere Repliken erstellt worden sein, wobei das im Louvre befindliche Exemplar von Montdidier seinen Erfolg bis nach Gallien bezeugen würde. Spätere Quellen erwähnen, dass die am Ort noch vorhandenen Stücke im 7. Jh. n. Chr. von den Arabern genommen und an einen jüdischen Kaufmann verkauft worden seien, der sie auf 900 Kamelen wegtransportierte.

Auf der gegenüberliegenden Seite links, der Koloss von Rhodos in einer grafischen Rekonstruktion. Rechts, ein aquarellierter Stich von Georg Balthasar, ca. 1750, mit einer Darstellung des Kolosses (Mailand, Civiche Raccolte di Stampe).
Diese Seite, Sexterze aus hadrianischer Zeit, der Kaiser wird lorbeerbekränzt dargestellt. Unten, eine weitere moderne Rekonstruktion des Kolosses.

Fackel in der Rechten und Kugel in der Linken, Chlamys *(kurzer Mantel) über den Schultern, sei eine Reproduktion der berühmten Statue aus Rhodos. Ein zweiter Münzentyp der Julia Domna, Mutter des Caracalla, hätte auf der Rückseite nur das Bildnis des Helios, und zwar so wie er zusammen mit Artemis auf der Prägung des Caracalla dargestellt ist. Die Münzen sind u. a. ein Zeugnis für den besonderen Erfolg der Kulte in Verbindung mit dem Sonnengott ab dem 2. Jh. n. Chr.*

Pharos, der Leuchtturm von Alexandria

- Hypothesen zur Form des Leuchtturms
- Berühmtes Abbild aus römischer Prägung
- Ikonografischer Erfolg und Darstellung des Leuchtturms

- Auf der Suche nach dem verlorenen Leuchtturm
- Theorien und Rekonstruktionen der Wissenschaftler

Nildelta, 332 v. Chr. Zum ersten Mal in der Geschichte wurde eine Stadt nach ihrem Gründer benannt: Alexandria. Im 3. Jh. v. Chr. ließ Ptolemäus II. Philadelphos gegenüber dem Hafen der Stadt den Leuchtturm errichten – nach der Pyramide von Gizeh das höchste »Wunder«. Der großartige Bau aus weißem Marmor zum Schutz der Schifffahrt wurde derart berühmt, dass auch die römischen Kaiser ihm auf den Münzprägungen des Reiches Unsterblichkeit verliehen. Bis zum 4. Jh. blieb er auf der Insel präsent, dann verlor sich jede Spur – bis 1961, als die Unterwasserarchäologie einige wertvolle Fragmente ans Tageslicht brachte.

Zeitlich gesehen ist der Leuchtturm das letzte der Sieben Weltwunder und er war auch das letzte, das in die Liste aufgenommen wurde, so wie sie uns aus der Zeit der Renaissance überliefert ist. Und er ist auch jenes Wunder, von dem in der Antike einige Reproduktionen existierten: In diesem Fall kommen zu der dichten numismatischen Evidenz auch Reproduktionen auf irdenen Gegenständen, Sarkophagen, Mosaiken usw. hinzu. Die derzeit laufenden Untersuchungen, die von aufregenden Entdeckungen künden, ermöglichten und ermöglichen wahrscheinlich auch weiterhin das Sammeln neuer wichtiger Daten für eine historische Rekonstruktion des antiken Monuments.

Oben, Stich mit einer Darstellung des Leuchtturms von Alexandria.
Unten, Kopf Alexanders des Großen, Skulptur im späthellenistischen Stil des Apollon-Helios. Alexandria ist die erste Stadt, die von dem mazedonischen König während der Eroberung des persischen Reiches gegründet wurde.

Rechts, der Hafen von Alexandria. Die Insel, die einst den Leuchtturm beherbergte, wird seit dem 16. Jh. von der Mameluckenfestung Fort Kait Bey beherrscht. Unten, Büste mit einer Darstellung des Ptolemäus II. Philadelphos.

Pharos ist der Name der länglichen Insel gegenüber von Alexandria, auf welcher jenes Bauwerk errichtet wurde, nach dem seither in den romanischen Sprachen generell alle Bauten dieser Art bezeichnet werden (it. u. span. *faro*, frz. *phare*, port. *farol*); seit dem 15. Jh. beherbergt die Insel die Mameluckenfestung Fort Kait Bey. Sie war bereits seit der Antike durch einen Damm, das *Heptastadion*, mit dem Festland verbunden und bildete so die beiden wichtigen Häfen der Stadt, den Großen Hafen im Osten, den Eunostos im Westen.

Hypothesen zur Form des Leuchtturms

Um eine neue Stadt zu gründen, entschied sich Alexander der Große 332 v. Chr. für die Lage im Nildelta. Sie wurde von dem Architekten Deinokrates geplant und breitete sich in einer Anlage nach hippodamischem Vorbild der Küste entlang aus. Der Leuchtturm auf einer der Küste vorgelagerten Insel war wahrscheinlich unter den ersten Bauten, von Pto-

Links, Fort Kait Bey. Unten, Gemälde des Leuchtturms von Alexandria nach einer Interpretation des Künstlers Mario Larrinaga.

lemäus I. Soter (305–283 v. Chr.) gewünscht und vermutlich unter dem Sohn Ptolemäus II. Philadelphos (283–246 v. Chr.) ausgeführt. Die Quellen überliefern auch den Namen dessen, der das Werk stiftete: Sostratos von Knidos.

800 Talente Baukosten

Der Pharos in der Beschreibung des Plinius

»Man rühmt auch [ein weiteres Bauwerk], einen von einem König gebauten Turm, der auf der Insel Pharos den Hafen von Alexandria beherrscht; er soll 800 Talente gekostet haben; um nichts zu vergessen, soll die Großmut des Königs Ptolemaios erwähnt werden, der erlaubte, daß der Name des Baumeisters Sostratos aus Knidos auf dem Bauwerk selbst angebracht wurde. [Der Turm] dient dazu, bei der nächtlichen Fahrt Schiffen Leuchtzeichen zu geben, um Untiefen und den Hafeneingang anzukündigen, [ähnlich] wie [solche Feuer] schon an mehreren Orten brennen, etwa zu Ostia und Ravenna. Es besteht freilich die Gefahr, daß man diese Feuer bei ununterbrochener Fortdauer für Sterne hält; denn die Flammen haben aus der Ferne ein ähnliches Aussehen. Derselbe Baumeister soll als erster von allen zu Knidos eine auf Arkaden ruhende Promenade erbaut haben.«

C. Plinius Secundus d. Ä., *Naturkunde*, XXXVI, 83
Übersetzt von Roderich Bayer mit Joachim Hopp
Artemis Verlag, 1989

Das ägyptische Alexandria

Alexandria ist die erste bekannte Stadt, die den Namen ihres Gründers erhielt. Alexander der Große gründete sie 332 v. Chr. und wollte aus ihr wahrscheinlich ein Zentrum aller Wirtschafts- und Handelsströme jenes Weltreichs machen, von dem er träumte. Unter den Ptolemäern wurde sie zu einer der bedeutendsten Städte der hellenistischen Welt, eine wahre Weltstadt, die Wissenschaftler, Künstler, Literaten und Reisende anzog (den Mathematiker Euklides, den Astronomen Aristarchos, den Mathematiker und Geografen Eratosthenes, die Dichter Theokritos und Kallimachos, den Maler Apelles, um nur die berühmtesten zu zitieren); von dem lebendigen und chaotischen Leben, das sich in ihren Straßen abspielte, besitzen wir durch die alexandrinischen Dichter eine reiche literarische Dokumentation. Die Stadt, die von dem Architekten Deinokrates geplant und von Kleomenes von Naukratis erbaut wurde, erstreckte sich in einem Rechteck, nach einem streng rechtwinkligen Plan, auf dem die verschiedenen Häuserblocks durch Buchstaben des Alphabets gekennzeichnet waren. Ihre berühmtesten Bauwerke finden bei den antiken Autoren Erwähnung: Die Stadt erlebte wahrscheinlich bereits unter Ptolemäus II. den Bau des Arsinoeion (ein der Arsinoë, Schwester und Gemahlin von Ptolemäus II. Philadelphos, geweihter Tempel), der berühmten Bibliothek, des Museions sowie des Leuchtturms. In der Stadt befanden sich auch das bekannte Serapeion (Tempel, der dem griechisch-ägyptischen Gott Serapis geweiht war) in dem als Rhakotis bekannten Teil sowie der Tempel von Isis und Serapis und das Gymnasium mit seinen Bogengängen entlang der Via Canopica. Ein weiterer Zuwachs erfolgte

*auch durch die letzte große ptolemäische Königin, Kleopatra, die das Caes*areum *(Tempel, der dem Kaiserkult geweiht war) für sich und Antonius errichten ließ. Auch in römischer Zeit blieb die Stadt weiterhin Gegenstand des kaiserlichen Interesses, zumindest in den ersten beiden Jahrhunderten des Kaiserreichs. Die antike Stadt, die unter der modernen liegt, ist jedoch lange durch die antiken Quellen bekannter gewesen als durch die archäologischen Beweise. Nach den polnischen Forschungen sind derzeit französisch-ägyptische Teams in Ausgrabungskampagnen beschäftigt. Die Untersuchungen haben sich so, abgesehen von der Zone des antiken Leuchtturms, auf den östlichen Teil des Großen Hafens konzentriert, wo sich die Königspaläste befunden haben dürften, die wahrscheinlich sukzessiv von allen Herrschern ausgeschmückt und auch nach dem Tode Kleopatras bewohnt worden waren: ein weiterer versunkener Ort, von dem zahlreiche Funde stammen, Zeugen jener so charakteristischen griechisch-ägyptischen Vermischung. Zu Lande wird unter anderem im Bereich des antiken* Caesareums *geforscht und man machte sich an eine systematische Untersuchung der vielen antiken Zisternen, an denen Alexandria so reich war.*

Auf der gegenüberliegenden Seite oben, das römische Theater von Kom el-Dik, ein Bauwerk, das 800 Personen aufnehmen konnte, Statue aus rosa Granit, die Alexander als Pharao darstellt. Diese Seite oben, Alexandria in Ägypten auf einer Miniatur des 15. Jh. Links, Karte mit dem Hafen von Alexandria. Alexandria war die erste Stadt der Welt, die den Namen ihres Gründers erhielt.

Rechts, Büste des Trajan aus dem 17. Jh. (Rom, Galleria Borghese). Unten, das ägyptische Alexandria auf einem mittelalterlichen Stich.

In Wirklichkeit wird Letzterer in den antiken Zeugnissen zwar manchmal als Urheber zitiert, aber es ist wahrscheinlicher, dass er, der am ptolemäischen Hof einen hohen Rang bekleidete, das Werk finanzierte und widmete. Wie sah nun dieses Bauwerk aus, von dem Plinius berichtet, es habe 800 Talente gekostet? Die Reproduktionen auf den römischen kaiserlichen Münzen, die Clayton untersuchte, wurden in der Münzstätte zu Alexandria geprägt und liefern Zeugnisse zu dem Bauwerk: Diese Münzemissionen folgen alle den ausführlicheren Beschreibungen, die die klassischen Autoren (Plinius, Strabon, Diodorus Siculus) hinter-

Links, der Nil, der nach einem Verlauf von 6 671 km ins Mittelmeer mündet.

ließen. Die älteren Prägungen des Kaisers Domitian (81–96 n. Chr.) zeigen ein zweistöckiges Gebäude, auf dem ein konischer Turm von einer Statue überragt wird, während auf dem unteren Stockwerk Tritonen Trompete blasen; an der Basis des Leuchtturms ist das Eingangstor zu sehen.

Berühmtes Abbild aus römischer Prägung

Der Pharos kehrt in den Münzemissionen Trajans (98–117 n. Chr.) und in den sehr zahlreichen Ausgaben Hadrians (117–138 n. Chr.) wieder, der u. a. 132 n. Chr. Ägypten besuchte; aber erst unter Antoninus Pius (138–161 n. Chr.) sollte es Veränderungen in der Darstellung des Leuchtturms geben. Nun wird der Bau dreistöckig dargestellt; während das Tor mit einer

Rechts, Marmorbüste des Kaisers Commodus, er rühmte sich, die Reinkarnation von Herkules und von Mithras zu sein, einer orientalischen Gottheit, dessen Kult unter den römischen Legionären sehr verbreitet war.
Unten, Leuchtturm, zwei Schiffe und ein Delfin, Mosaik der Piazza delle Corporazioni in Ostia.

Zugangstreppe erhöht erscheint, werden die äußeren Wände durch runde Formen unterbrochen, wahrscheinlich Fensteröffnungen zur Erhellung des Inneren. Auf einigen Münzen von Hadrian, Antoninus Pius und Marc Aurel (161–180 n. Chr.) taucht außerdem neben dem Leuchtturm eine zweite Figur auf, die ein geschwelltes Segel hält: Isis Pharia, Beschützerin der Seeleute, deren Kult und Verbindung zur Insel jüngst durch die Unterwasserfunde belegt wurde, von denen noch die Rede sein wird.
Der letzte Münzprägungstyp geht auf Commodus (180–192 n. Chr.) zurück und zeigt diesmal eine Galeere, die auf den Leuchtturm zusegelt. Einige ägyptische Terrakottaleuchten aus ptolemäischer Zeit hatten den Leuchtturm

bereits als dreigeschossiges Bauwerk mit einer geritzten Andeutung der Blöcke reproduziert. Die gleiche exakte Wiedergabe findet man bei dem Fragment eines Glasbechers aus der Umgebung von Kabul, wozu Jean-Yves Empereur – Direktor des Centre d'Études Alexandrines – meint, er sei zweifelsohne von einem Reisenden als Souvenir aus Alexandria mitgebracht worden, nicht anders als die kleinen metallenen Eiffeltürme, die sich heute in aller Welt finden.

Unten, Reiterstandbild des Marc Aurel, prächtiges Beispiel einer kaiserlichen Reiterstatue, die der Zerstörung im Mittelalter entging, weil man sie für ein Abbild Kaiser Konstantins, des ersten christlichen Kaisers, hielt.

Ikonografischer Erfolg und Darstellung des Leuchtturms

Die Berühmtheit des Leuchtturms wird auch durch sein häufiges Auftauchen auf Sarkophagen dokumentiert, manchmal zusammen mit Isis Pharia, was beweist, dass es sich um das alexandrinische Bauwerk handelt; in anderen Fällen wieder scheint er der Prototyp analoger Gebäude zu sein, deren Errichtung nach dem Beispiel des alexandrinischen Vorbilds in vielen römischen Städten von den Quellen bestätigt wird. Man denke an die Häufigkeit der Darstellung in Ostia, wo offensichtlich Bezug auf den lokalen Leuchtturm genommen wurde. Ein spätes Zeugnis des Schicksals und der Bedeutung des Pharos liefert uns ein Mosaik in der Markuskirche von Venedig (13. Jh.) mit einer Darstellung der Ankunft des heiligen Markus in Alexandria; Alexandria wird durch den Leuchtturm symbolisiert, der hier im oberen Teil bereits in eine islamische Moschee verwandelt ist (die Umwandlung erfolgte im 9. Jh.). Dies sind die ikonografi-

Rechts, Mosaik des heiligen Markus, der das Evangelium präsentiert (Venedig, Markuskirche).
Unten, Mosaik aus hellenistischer Zeit, aus Thmuis, einer Stadt in Unterägypten, es stellt Alexandria als Königin der Meere dar, die auf dem Kopf eine Krone in der Form eines Schiffsbugs trägt (Alexandria, Griechisch-Römisches Museum).

schen Evidenzen, durch die zwar generelle Informationen zum Bauwerk (dreistöckiges Gebäude, das Vorhandensein von Öffnungen, wahrscheinlich eine Statue zur Bekrönung und Statuen im zweiten Geschoss) gewonnen werden, die jedoch keine Erkenntnisse bezüglich der Details oder zur Funktionsweise des berühmten Feuers liefern. Auch die Aussagen der klassischen Autoren, die allerdings nicht gerade zahlreich sind, helfen in dieser Richtung nicht weiter: Strabon erwähnt nur, dass es sich um einen mehrstöckigen Bau aus weißem Marmor handelte, den Sostratos von Knidos zum Schutz der Seefahrer gestiftet habe, also nicht viel mehr als Plinius, der von den Feuern spricht, die den Schiffen die Route wiesen. Der alexandrinische Dichter Poseidippos von Pella, der im 3. Jh. v. Chr. lebte, erwähnt in einem Epigramm, dass die Seeleute Zeus sowie auch ihre Rettung fanden, wenn sie der Flamme des Leuchtturms gewahr wurden. Auf der Grundlage dieser Überlieferung nahm man an, dass die Statue, die den Leuchtturm krönte und die auch auf den Münzen auftauchte, eben jener Zeus Soter (der Retter) war. Eine letzte Gruppe von Zeugnissen blieb uns

durch die arabischen Autoren erhalten, die die Gelegenheit hatten, den Leuchtturm zu sehen: Dieser dürfte sehr lange erhalten geblieben sein, wenn noch im 14. Jh. seine Überreste auf der Insel vorhanden waren.

Deutsche Rekonstruktion des Leuchtturms in seiner dreistufigen Form von Hermann Thiersch, 1909.

Auf der Suche nach dem verlorenen Leuchtturm

Der Bericht aus dem 12. Jh. n. Chr., den uns der Reisende Abu el-Haggag el Andalousi über den Leuchtturm liefert, ist der detaillierteste und gibt Auskunft auch über dessen Dimensionen: Aus seiner Beschreibung lässt sich schließen, dass der Pharos zusammen mit der Basis über 100 m hoch gewesen sein dürfte, mit einem ersten Geschoss (Kegelstumpf) von über 57 m, das zweite Geschoss (achteckig) etwa 30 m hoch und das dritte (zylindrisch) etwa 7 m hoch, auf dem sich, heißt es, die Moschee erhoben habe. Was ist heute auf dem Standort des antiken Leuchtturms noch

Rechts, der Leuchtturm in einer Rekonstruktion von Bill Munns. Unten links, Leuchtturm während der arabischen Zeit. Unten rechts, Fort Kait Bey vor seiner Bombardierung 1882; beides deutsche Rekonstruktionen von 1909.

übrig? Hier erhebt sich auf der östlichen Spitze der antiken Insel das Fort Kait Bey, das 1497 unter Verwendung antiker Materialien erbaut wurde: Tatsächlich zeigten die jüngsten, an der Basis des Bauwerks durchgeführten Sondierungen auf, dass im Fort auf einer Länge von mindestens 6 m spätrömisches Mauerwerk verwendet wurde. Andererseits verwiesen die antiken Quellen genau auf den östlichen Punkt als Standort des Leuchtturms. Die ersten Unterwasserforschungen, die im Meer unter dem Fort stattfanden, wurden 1961 durchgeführt, wobei eine im Wasser versunkene kolossale Isis-Statue aus rosa Assuangranit mit über 7 m Höhe geborgen wurde, die auf der Höhe der Knie gebrochen war. 1968

b

c

beauftragte die UNESCO Honor Frost, eine Untersuchung des unter Wasser gelegenen Fundorts durchzuführen, von dem der englische Archäologe Zeichnungen anfertigte und einen Bericht verfasste. 1994 wurde Empereur als wissenschaftlicher Berater anlässlich einiger Unterwasseraufnahmen berufen. Die erforschten archäologischen Funde gingen weit über das Erwartete hinaus: Ein 2 Hektar großes Gebiet, 6 bis 8 m unter dem Meeresspiegel, voll von Blöcken, Säulen, Statuen, Sphingen und Inschriftfragmenten, damals durch Betonblöcke bedroht (die erst im Jahr 2000 entfernt wurden). Seither führen die französischen und ägyptischen Archäologen unter der Leitung von Empereur und unter der Schirmherrschaft des Institut Français d'Archéologie Orientale Untersuchungen durch, die zahlreiche Neuigkeiten über den Ort bringen.

Unten, die Mauern des Tempels von Abukir (Taposiris Magna) auf dem Grund des Mittelmeers. Das Städtchen befindet sich 40 km westlich von Alexandria, hier sind die Reste eines großen ptolemäischen Tempels, von Wohnvierteln, der Nekropolis und des griechisch-römischen Leuchtturms erhalten.

Rechts, unvollendeter Obelisk aus der 18. oder 19. Dynastie, gefunden in den Granitbrüchen im Norden von Assuan. Unten, Kolossalstatue eines Angehörigen der ptolemäischen Dynastie des 3. Jh. v. Chr. in einer Rekonstruktion des Centre d'Études Alexandrines aus dem Jahr 2001.

Theorien und Rekonstruktionen der Wissenschaftler

Unter den bei den Forschungen geborgenen oder identifizierten Materialien sind zahlreiche Sphinxstatuen, Fragmente von Obelisken mit Hieroglyphen-Inschriften, Säulen in Papyrusform und eine männliche Kolossalstatue aus rosa Assuangranit mit den Zügen eines Pharaos, Pendant der 1961 aufgetauchten Statue, zu erwähnen; die Reste von drei weiteren Statuen der gleichen Größe sowie die auf dem Boden entdeckten Basen lassen darüber hinaus die Existenz von sechs Königspaaren annehmen, die

Die aktuellen Forschungen des Centre d'Études Alexandrines

Derzeitige Ausgrabungen

Die Ausgrabungen gehen sowohl unter dem Meeresspiegel als auch an der Oberfläche weiter. Am monumentalen versunkenen Fundort unter dem Fort Kait Bey wurde

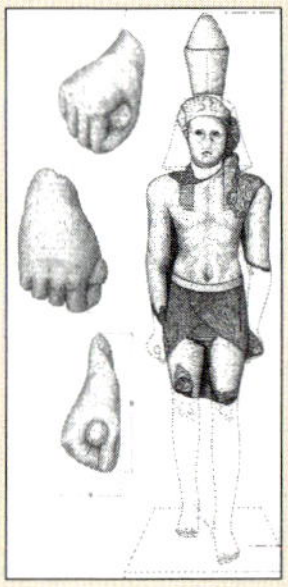

in jüngerer Zeit die rechte Hand der Kolossalstatue des Ptolemäus entdeckt, die 1998 in Paris anlässlich der Ausstellung La gloire d'Alexandrie *gegenüber dem Petit Palais aufgestellt gewesen war.*
Die Unterwasserforschungen erfolgen komplementär zu den laufenden Ausgrabungen innerhalb der Mauern des kleinen Forts, in der Hoffnung, auf irgendeine Spur des Leuchtturms zu stoßen.

Links, der Leuchtturm von Abukir, er wurde nach dem Vorbild des Leuchtturms von Alexandria dreigeschossig erbaut, das erste quadratisch, das zweite achteckig und das oberste zylindrisch.

mit dem Aussehen von Isis und dem Pharao dargestellt wurden und zu den ptolemäischen Herrschern gehörten. Diese nämlich machten aus der Geschichte Ägyptens ein Grundmotiv ihrer Politik, wie die zahlreichen aus Heliopolis geborgenen Materialien dokumentieren. Mehrere tausend Blöcke, große Platten, Architrave, Pilaster, alle aus rosa Granit und von großen Dimensionen (11,5 m Höhe und 70 Tonnen Gewicht), die, in zwei bis drei Stücke zerbrochen, »geordnet« in Richtung Südwest/Nordost im Meer unter dem Fort liegen, haben die Aufmerksamkeit der Wissenschaftler erregt; die Art der Frakturen und die »regelmäßige« Anordnung, die einen Fall aus der Höhe vermuten lassen, legen die Annahme nahe, dass man auf Reste des Leuchtturms gestoßen sein könnte. Die tiefe Lage unter dem Meeresspiegel könnte einem fortschreitenden

Weiter draußen im Meer finden Ausgrabungen rund um ein Schiffsrelikt aus dem 6. Jh. n. Chr. statt, während eine griechische Forschergruppe aus Patras vor Ort mittels Sonarabtastungen eine Unterwasserkarte des Meeresbodens erstellt hat. Die Ausgrabungen an der Oberfläche gehen zu den Fundorten der Via Canopica und des Caesareums über; im Westteil der Stadt wird eine prächtige Zisterne von Verkrustungen und Ablagerungen gereinigt. Die Forschungstätigkeit wird von den französischen Ministerien für Forschung, für Bildung und dem Außenministerium unterstützt, während der Hauptsponsor die France Télécom ist. Das Centre d'Études Alexandrines wurde 1990 von Empereur gegründet.

Unten, Glasgefäß, das den Leuchtturm von Alexandria reproduziert, sowie ein Stich vom Leuchtturm nach Fischer v. Erlach (um 1721).

Absinken des Terrains zuzuschreiben sein, umso mehr, als sich auch die ptolemäischen Schichten in den Städten, die vom Centre d'Études Alexandrines erforscht werden, acht bis zehn Meter unter der heutigen Oberfläche befinden.

Obwohl die Untersuchungen noch laufen, bringen diese jüngsten Entdeckungen neue Bewegung in die Kenntnisse über eines der bekanntesten Bauwerke der Antike – bisher als gesichert geltende Daten werden wieder neu diskutiert. So stellt sich Empereur von Neuem die Frage, wie der Pharos funktioniert habe, worüber die Quellen fast ausnahmslos schweigen, und nach der Problematik des Feuers, das der Turm ja irgendwo leuchten lassen musste: Wie ist es mit dem Vorhandensein einer Statue an der Spitze in Einklang zu bringen? Kann man es etwa im Inneren eines bedeckten Säulengangs lokalisieren? Empereur stellte die Hypothese auf, dass die möglichen Statuen Platz an der Basis des Gebäudes gefunden haben könnten (Zeus Soter, aber auch die Dioskuren als Beschützer der Seefahrer, die vielleicht in den von Strabon in der Widmung zitierten »Rettergöttern« zu erkennen sind; falls diese nicht das königliche ptolemäische Paar Isis Pharia und Poseidon, Herrscher der Meere, sind). Hätten denn diese in den Unterwasserausgrabungen entdeckten Statuen, die die Königspaare darstellen, nicht die Seefahrer bei der Ankunft in der Stadt empfangen können, um auf diese Weise zu zeigen, wer die Herrscher Ägyptens sind? Her-

Unten, eine weitere Rekonstruktion des Leuchtturms von Munns.
Ganz unten, Rekonstruktion von Alexandria in Ägypten aus dem 16. Jh.

vorgehoben gehört eine weitere Tatsache, die sowohl für den Leuchtturm als für das gesamte ptolemäische Ägypten gelten kann: Die neuen fremdstämmigen Herrscher unternehmen alles, um sich in die Tradition der Pharaonen einzugliedern, wie die Wiederverwendung der Materialien und die Verwendung von reichem bunten Marmor zeigen, von dem es in den ägyptischen Steinbrüchen so viel gab (und dessen sich auch die römischen Kaiser intensiv bedienten); die starke griechische Tradition vermählt sich in Ägypten also auch auf einer äußeren Ebene mit der mächtigen Vergangenheit des Reiches. Nicht verwunderlich wäre daher auch die mögliche Verwertung von rosa Granit beim Leuchtturm, von dem Strabon allerdings meint, er sei weiß gewesen. Vom Moment seiner Erbauung an (in den 80er-Jahren des 3. Jh. v. Chr.) bis zu seinem Ruin – der mit dem 8. August 1303 festgelegt ist, das Datum eines besonders heftigen Erdbebens – durchlebte der Pharos 15 Jahrhunderte, wahrscheinlich von zahlreichen Erdbeben unterbrochen, die mit der Zeit seine Stabilität untergruben (das 3. Geschoss stürzte wahrscheinlich Ende des 8. Jh. zusammen) und die auch Instandsetzungsarbeiten erforderlich machten (in arabischer Zeit bezeugt): Auf seinen Überresten wanderten im 14. Jh. arabische Reisende herum, die seinen starken Verfall beklagten. Noch immer aber lässt er Nachrichten vom Grunde des Meeres auftauchen.

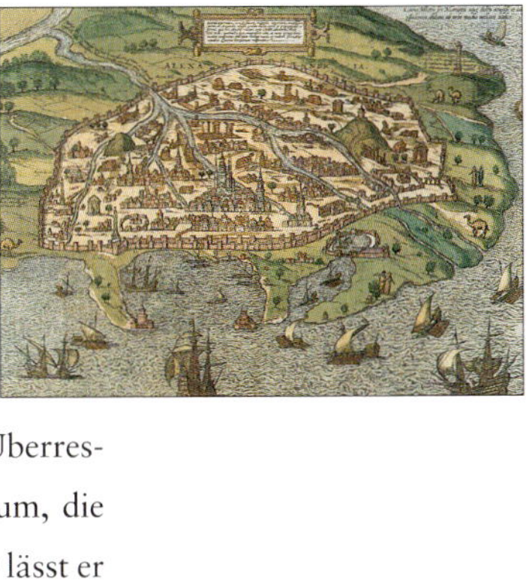

Chronologie

Ca. 2550 v. Chr.
In Ägypten regiert Cheops, Pharao der 4. Dynastie. Während seiner Regierung beginnt der Bau der Pyramide von Gizeh, die von Chefren und von Mykerinos kommen dann dazu.

6. Jh. v. Chr.
Während der Herrschaft von Nebukadnezar II. in Babylon (604–562 v. Chr.) entstehen die Hängenden Gärten.

560
In Ephesos beginnen die Arbeiten für den Bau des ersten Artemistempels.

Erste Hälfte des 5. Jh.
Der Architekt Libon von Elis errichtet in Olympia einen dorischen, Zeus gewidmeten Tempel, wo etwas später die Goldelfenbeinstatue des Gottes aufgestellt wird, ein Werk des Phidias.

Zweite Hälfte des 5. Jh.
Laut Plinius wird in Ephesos ein Bildhauerwettbewerb für eine bronzene Statue ausgeschrieben; Phidias, Polyklet, Kresilas und Phradmon nehmen daran teil. Polyklet gewinnt, aber alle Statuen werden auf dem Giebel des Artemistempels aufgestellt.

432–431
Phidias arbeitet in Olympia, nachdem er aus Athen wegen der Anschuldigung geflohen war, für die Realisierung der Goldelfenbeinstatue der Athene bestimmtes Gold veruntreut zu haben.

356
In Ephesos wird der archaische Artemistempel durch einen Brand zerstört. Der Wiederaufbau beginnt, Praxiteles und Skopas nehmen dran teil. Alexander der Große wird geboren.

Mitte des 4. Jh.
Das Mausoleum von Halikarnassos, das von dem karischen Herrscher Mausolos in Auftrag gegeben war, wird vollendet.

305
In Rhodos beginnt der Bau des Kolosses, ein Werk des Chares von Lindos: Eine riesige Statue, die dem Sonnengott Helios, Schutzgott der Stadt, geweiht ist.

293
Der Bau des Kolosses, der aus mehreren Bronzeteilen besteht, wird beendet.

283–246
Unter der Herrschaft von Ptolemäus II. Philadelphos, Sohn des Ptolemäus I. Soter, wird der Leuchtturm von Alexandria errichtet.

227–226
Ein Erdbeben verursacht den Zusammensturz des Kolosses von Rhodos.

36–41 n. Chr.
Kaiser Caligula versucht, die Zeusstatue nach Rom zu transferieren.

263
Der Artemistempel wird während der Invasion der Ostgoten zerstört.

Chronologie

Ende des 4. Jh.
Die Zeusstatue wird von Olympia nach Konstantinopel gebracht.

5. Jh.
Der Artemistempel von Ephesos wird abgetragen. Die Reste werden für den Bau der Johannesbasilika verwendet. Die Werkstatt des Phidias wird in eine byzantinische Kirche verwandelt.

475
Die Zeusstatue wird bei einem Brand zerstört.

1798
Napoleons Feldzug nach Ägypten. Die ersten Erforschungen der Pyramiden beginnen.

1857
Newton beginnt die Untersuchungen, die der Wiederentdeckung des Mausoleums von Halikarnassos vorangehen.

1863
Turtle Wood beginnt, am Standort des Artemistempels in Ephesos zu forschen.

1899
Koldewey beginnt vor Ort in Babylon zu forschen.

1965
Das Österreichische Archäologische Institut beginnt mit der Ausgrabungstätigkeit im Bereich des Artemistempels. Die Ausgrabungen sind noch im Gange.

1966–1977
Das Dänische Archäologische Institut führt Ausgrabungstätigkeiten im Bereich des Mausoleums von Halikarnassos durch.

1972 und 1987
Jeppesen findet zwei Architravplatten des Mausoleums.

Bibliografie

Anton Bammer/Ulrike Muss, *Das Artemision von Ephesos. Das Weltwunder Ioniens in archaischer und klassischer Zeit*, Verlag Philipp von Zabern, Mainz 1996.

Cicero, *Vom Wesen der Götter*, Heimeran, München 1978.

Peter A. Clayton/Martin Price (Hg.), *Die Sieben Weltwunder*, Philipp Reclam jun., Stuttgart 1990.

Diodorus Siculus, *Griechische Weltgeschichte*, Anton Hiersemann, Stuttgart 1992.

Werner Ekschmitt, *Die Sieben Weltwunder*, Verlag Philipp von Zabern, Mainz 1984.

Herodot, *Historien*, Buch II, in: A. Bammer/U. Muss, *Das Artemision von Ephesos.*

Homer, *Ilias*, I, Dieterich'sche Verlagsbuchhandlung, Leipzig 1938.

Pausanias, *Reisen in Griechenland (Periegesis)*, V, Artemis Verlag, Zürich und München 1986/87.

Philon von Byzanz, *Reiseführer zu den Sieben Weltwundern*, Insel Verlag, Frankfurt 1992.

C. Plinius Secundus d. Ä., *Naturkunde*, Artemis Verlag, Zürich und München 1989.